KOBAYASHI · DER WEG DES T'AI CHI CH'UAN

HEINRICH HUGENDUBEL VERLAG
IRISIANA

Der Weg des T'ai Chi Ch'uan

PETRA KOBAYASHI

DER WEG DES T'AI CHI CH'UAN

GEISTIGER HINTERGRUND UND TAOISTISCHE PRAKTIKEN

HUGENDUBEL

CIP-Titelaufnahme der Deutschen Bibliothek
Kobayashi, Petra:
Der Weg des T'ai-chi-chuan : geistiger Hintergrund und taoistische Praktiken / Petra Kobayashi. – 3., korrigierte Aufl. – München : Hugendubel, 1989
(Irisiana)
Parallelt. in chines. Schr.
ISBN 3-88034-243-1

3. Auflage 1989

Umschlaggestaltung: Dieter Bonhorst
Produktion: Tillmann Roeder
Satz: Fotosatz Geiß, Puchheim
Druck und Bindung: Wiener Verlag, Himberg

ISBN 3 88034 243 1

Printed in Austria

Inhalt

Meiner Tochter Ssu
in Liebe gewidmet

Danksagung

Mein besonderer Dank gilt Herrn Stephan Pálos und Frau Monnica Pálos für ihre Übertragungen aus dem Chinesischen; Meister Lai Fung, Amsterdam, für die Kalligraphien; Herrn Rinus Schulz, Dokko-an Kuwahara und Herrn V. Yelesejew für die Zeichnungen; meinem Vater, Hermann Petersdotter, und im besonderen Herrn Ingo Schmid-Neuhaus für ihre unersetzliche Mitarbeit am Manuskript; meinem Mann Toyo Kobayashi für seine vielfältige Unterstützung und die Darstellung der Übungen.

Großen Dank und große Verehrung möchte ich an dieser Stelle unserem Lehrer Doktor Chiang Tao Chi (jetzt Vancouver, Kanada) aussprechen. Viele der vorliegenden Überlegungen und Einsichten sind erst durch seine Hinführung zu einem tieferen Verständnis des T'ai Chi Ch'uan möglich geworden.

Vorwort

T'ai Chi Ch'uan gehört zu den bekanntesten und am weitesten verbreiteten Übungssystemen Chinas. In seine Entwicklung sind Weisheit, Erfahrung und Wissen des jahrtausendealten chinesischen Kulturkreises, vor allem dessen taoistischer Tradition, eingeflossen.

T'ai Chi Ch'uan ist als Übung außerordentlich vielseitig. Zu seinen wichtigsten Gesichtspunkten gehören: Schulung des Körperbewußtseins, Bewegungskunst, Entspannungsübung, Atemübung, Übung zur Entwicklung von Anmut und Kreativität, Heilgymnastik, ganzheitliche Gesundheitsübung, sanfte Art der Selbstverteidigung, Kampfkunst und Meditation in Bewegung.

Um dem Wesen des T'ai Chi Ch'uan, dieser uns schon vom äußeren Erscheinungsbild her sehr fremden Übung, näher zu kommen, sind Aspekte und Elemente der Übung einzeln aufgeführt. Diese Darstellungsweise ist insofern nicht unproblematisch, als sich die einzelnen Komponenten des T'ai Chi Ch'uan erst im Zusammenhang ganz verstehen lassen. Bei der Beschreibung praktischer Übungen des T'ai Chi Ch'uan beziehen wir uns auf den bekanntesten und am weitesten verbreiteten Stil des T'ai Chi Ch'uan, den Yang-Stil.

Das Wesen des T'ai Chi Ch'uan läßt sich nicht ohne Bezug auf den feinstofflichen Wesensbereich des Menschen erfassen. So liegt ein Schwerpunkt der vorliegenden Arbeit in der Darstellung dieses Zusammenhangs. In den östlichen Traditionen des Hinduismus, Buddhismus und Taoismus, zu dessen Übungen T'ai Chi Ch'uan gehört, wird im feinstofflichen Wesensbereich das Bindeglied zwischen Körperlichem und Geistig-Seelischem gesehen. In ihren Wegen, positiv auf das Geistig-Seelische einzuwirken, zeigen sich Gemeinsamkeiten, die mit angesprochen werden. Auch Entsprechungen zu neueren westlichen Übungssystemen, die beginnen, sich diesen Zusammenhängen anzunähern, werden aufgezeigt.

T'ai Chi Ch'uan gehört zu den in letzter Zeit zunehmend populär gewordenen praktischen Übungen des Taoismus. So mag diese Arbeit nicht nur für Übende des T'ai Chi Ch'uan hilfreich sein, sondern auch bei einem grundsätzlichen Interesse am Taoismus bereichernd wirken.

Zum Geleit

T'ai Chi Ch'uan ist eine sehr alte chinesische Bewegungskunst. Ihr Grundsatz ist Leichtigkeit und ihre Wurzel ist das Tao. Die Formen bzw. deren Ursprünge gehen in das T'ang-Zeitalter zu Hsü Hsüan-P'ing zurück. Diese wurden Chang San-Feng, der am Ende der Sungdynastie (1115—1279) lebte, überliefert. Die dreizehn grundlegenden Stellungen wurden von ihm gestaltet. Sie wurden dann im Ch'ing-Zeitalter an Wang Tsung-Yüeh weitergegeben und gerieten weiterhin durch die Ch'en-jia-kou-Tradition zu Yang Lu-Ch'an. Er besuchte die verschiedensten Schulrichtungen im ganzen Land und verglich ihre Eigenarten. Yang Lu-Ch'an erhielt den Beinamen »der Unbesiegbare«, da er nie in einem Kampf unterlag.

Die T'ai-Chi-Ch'uan-Übungen sind sowohl der Ernährung des Lebens als auch der Heilung von Krankheiten dienlich. Nach langer regelmäßiger Übung fühlt der ganze Körper den ausgleichenden Wechsel der Polaritäten (Yin und Yang). Das Reaktionsvermögen wird schneller und schärfer. Wenn der Zugang zur Energie hergestellt ist und die Energie »verstanden« wird, so bedeutet das: Bewegung wird zu Stille; Weiches wird stählern; ohne jeglichen Kraftaufwand wird das mit Kraft Ausgeführte geschlagen; im ganzen Körper entwickeln sich die Kräfte gleichmäßig. Auf höchster Stufe wird der Körper des Übenden gleichsam zu einem Energieball — bewirft man ihn mit einem Stein, so prallt er von ihm ab. Gleichzeitig wird der ganze Körper nur Hand und nur Auge. Wer T'ai Chi Ch'uan so vollkommen beherrscht, ist wie einer, der Wind heben und Schatten fassen kann, und leicht wie ein Aal im Wasser so bewegt er sich.

April 1981 CHIANG TAO CHI
(Taipeh, Taiwan)

I T'ai Chi Ch'uan, eine taoistische Übung

Der Taoismus, die Lehre vom Tao, dem Namenlosen, Absoluten, Undifferenzierten, dem Weg wird allgemein auf Laotse (um 600 v. Chr.) zurückgeführt. Laotses Schrift, das *Tao Te King*[1] gilt als das grundlegende Werk des Taoismus. In ihm wird der Einklang mit dem Tao in den verschiedensten Bereichen des Lebens aufgezeigt, so wird eine unmittelbare Erfahrung des Tao möglich. Das Tao Te King verdankt seine Bedeutung der aus ihm sprechenden mystischen Schau Laotses.

Die Lehre vom Tao und die eng mit ihr verwobene Philosophie des Yin und Yang gab es jedoch schon lange vor der Zeit Laotses. Der *I Ging*, eines der ältesten Bücher der Welt und das *Nei Ching* (Sun Wen), das älteste medizinische Werk Chinas (um 2000 v. Chr.) beziehen sich bereits auf sie.

Die Taoisten erstrebten ein Leben in Harmonie mit sich und der Welt, das heißt in Einklang mit dem Tao. Dieser Weg war eng mit meditativer Übung verbunden.

Der Taoismus beeinflußte alle Bereiche der chinesischen Kultur, besonders Malerei, Literatur, Philosophie, medizinische Wissenschaft (traditionell als ein Teilbereich der Philosophie und Religion gesehen) sowie das Zusammenleben der Menschen und das Staatswesen. Er stand in seiner Weltanschauung im Gegensatz zur Lehre des Kungfutse (um 500 v. Chr.). Kungfutse sah den Menschen fest eingegliedert in eine auf ethische Grundsätze aufgebaute Gesellschaftsordnung, in der die Verwirklichung des einzelnen in dem Befolgen der seinem Stand zugeordneten Regeln lag. Nach Ansicht der Taoisten sollte sich das Zusammenleben der Menschen durch Weisheit, Liebe und Harmonie in einer natürlichen Ordnung regeln, sofern der einzelne durch die Arbeit an seiner Vervollkommnung dazu beitrug. Die Betonung des Individuellen und der Freiheit des einzelnen war kennzeichnend für das taoistische Denken.

Im Taoismus finden sich einige Hauptschulrichtungen, die sich vielfältig verzweigt haben. Zwei Hauptschulen, die »Schule der Vollkommenen Verwirklichung« und die »Südliche Schule« praktizierten die traditionellen meditativen und gesundheitlichen Übungen.[2][3] Die

---

1 »Das Heilige Buch vom Weg und von der Tugend«

2 John Blofeld, *Taoism, The Quest for Immortality*, Seite 28, 29

3 Der Taoismus als Volksreligion hat sich durch die Übernahme von Göttern, der schamanistische Züge tragenden Urreligion Chinas, durch die religiöse Verehrung taoistischer Weiser, magische Rituale und Aberglauben, von der eigentlichen taoistischen Lehre entfernt.

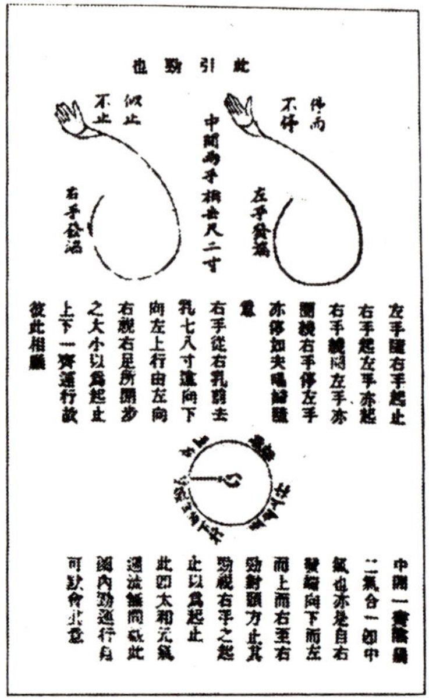
此引勁也
伸而不伸
似止不止
中間兩手相去尺二寸
左手隨右手起止
右手起左手亦起
圈繞右手停左手
意
右手從右乳前去
乳七八寸遠向下
向左上行由左向
右視右足所開步
之大小以為起止
上下一齊運行故
彼此相應
二氣合一即中
氣也亦是自右
而上而右至右
勁視右手之起
止以為起止
此即太和元氣

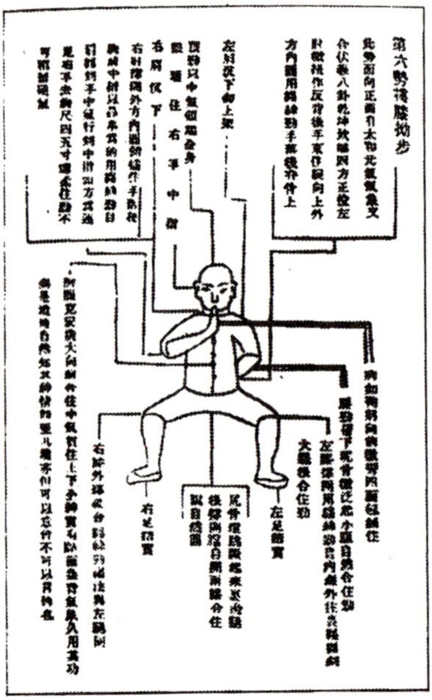
第六勢摟膝拗步
左足踏實
右足踏實

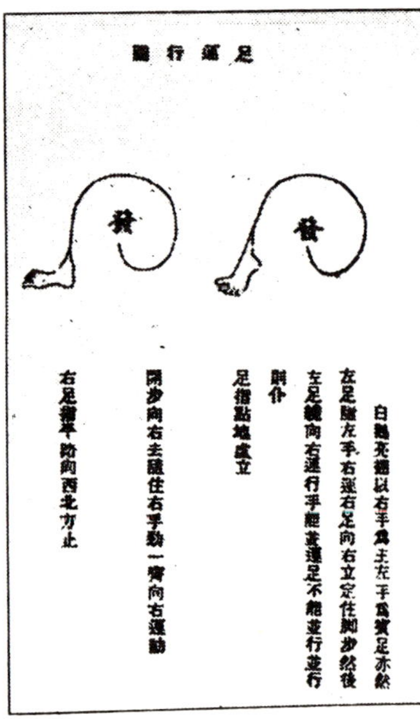
足運行圖
發
發
白鶴亮翅以右手為主左手為賓足亦然
左足隨左手右運右足向右立定住脚步然後
足指點地虛立
開步向右去隨住右手勁一齊向右運動
右足踏平 跟向西北方止

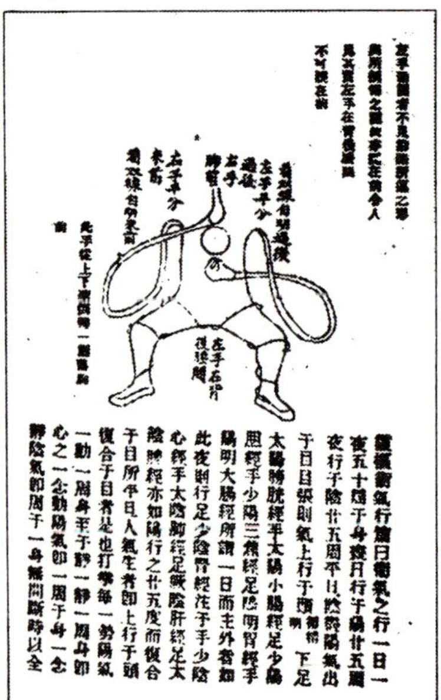
夜五十周于身晝日行于陽廿五周
夜行于陰廿五周平旦陰盡陽氣出
于目目張則氣上行于頭
太陽膀胱經手太陽小腸經足少陽
膽經手少陽三焦經足陽明胃經手
陽明大腸經所謂一日而主外者如
此夜則行足少陰腎經注于手少陰
心經手太陰肺經足厥陰肝經足太
陰脾經亦如陽行之廿五度而復合
于目所平旦人氣生者即上行于頭
復合于目者是也打拳每一勢陽氣
一動一周身平于靜一靜一周身即
心之一念動陽氣即一周于身一念
靜陰氣即周于一身無間斷時以全

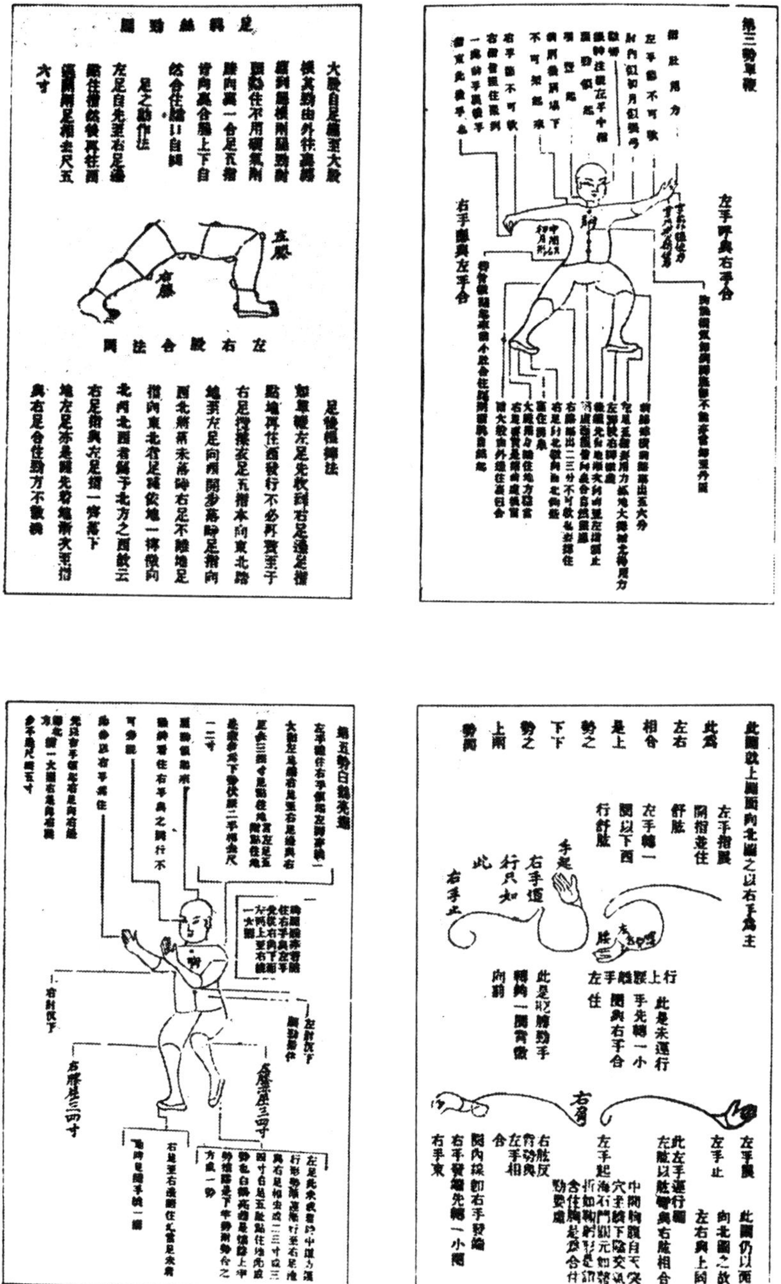

Aus einem alten T'ai Chi-Buch

taoistischen Meditationsübungen beruhen auf einem genauen Wissen um die Gesetzmäßigkeiten und Gegebenheiten des feinstofflichen Wesensbereichs des Menschen. Sie enthalten Atemübungen, Konzentrationsübungen auf die feinstofflichen Zentren (siehe S. 61 ff), Übungen zur Öffnung der sogenannten Himmlischen Kreisläufe (siehe S. 71 ff), und sie basieren weitgehend auf der ungegenständlichen Meditation. Als Übungssystem enthält T'ai Chi Ch'uan die Erfahrungen und Grundgedanken der taoistischen Lehre und hat sich in Zusammenhang mit ihren meditativen Praktiken entwickelt.

DER NAME »T'AI CHI CH'UAN«

T'ai Chi Ch'uan setzt sich aus T'ai Chi und Ch'uan zusammen. T'ai Chi (das höchste Letzte) ist die »Mutter« von Yin und Yang, gleich der Großen Leere (T'ai Hsü) und dem Tao (das Namenlose, Absolute, der Weg). Ch'uan bedeutet Hand oder Faust. Aus beiden ergibt sich sinngemäß: Durch die Hand oder Faust, also die Art der Übung, in Einklang mit dem Tao kommen bzw. das Einswerden mit dem Tao (Erleuchtung) erfahren. Durch diesen Namen ist die Zielsetzung des T'ai Chi Ch'uan gegeben.

DIE PHILOSOPHIE

Die Philosophie des T'ai Chi Ch'uan ist keine Variante der taoistischen Lehre. Sie beschränkt sich auf die Wiedergabe bekannten taoistischen Gedankengutes. Da das taoistische Denken in spirituellen Dingen nichts Heiliges, sondern etwas durchaus Normales, der Wirklichkeit Zugehöriges sieht, werden sie direkt und schlicht beschrieben. Erleuchtungen werden z. B. nicht als außergewöhnliche Erfahrungen herausgestellt, sondern schlicht als ein »Werden zum ganzen Menschen« beschrieben.[1] So findet sich auch in den Texten der alten Meister des T'ai Chi Ch'uan das taoistische Prinzip der einfachen Wirklichkeitsbezogenheit.

Im Zuge der weiten Verbreitung des T'ai Chi Ch'uan in den letzten 150 Jahren entstand in China eine reiche Literatur, die es mit unterschiedlichstem taoistischem Gedankengut in Verbindung brachte: z. B. den 64 Hexagrammen des I Ging und der Lehre der fünf Elemen-

---

[1] Im Ch'an, dem späteren Zen-Buddhismus (Ch'an-Meister Hui Hai: »Erleuchtung ist der natürlichste Seinszustand«), zeigen sich die Einflüsse dieses Denkens. Viele der ersten Ch'an-Meister waren Taoisten.

te und Theorien über die Entstehung des Universums und des Lebens.

Für T'ai Chi Ch'uan ist jedoch vor allem das Yin-Yang-Prinzip von Bedeutung. Darauf verweist schon das in seinem Namen enthaltene T'ai Chi: die »Mutter« von Yin und Yang.

T'AI CHI CH'UAN UND DAS YIN-YANG-PRINZIP

Nach der Philosophie des Yin und Yang erwächst aus dem »Einen-Undifferenzierten« (Tao) die Zweiheit und mit ihr alle Erscheinungen, die diese Welt ausmachen. Yin und Yang finden sich in den Gegensätzen voll und leer, dunkel und hell, oben und unten, vorne und hinten, plus und minus, passiv und aktiv, schön und häßlich, Ein- und Ausatmen, Winter und Sommer, Liebe und Haß, Glück und Leiden, Leben und Tod usw.

Nach der Philosophie des Yin und Yang bedingen sich diese Gegensätze, denn nur durch den Vergleich mit seinem Gegenteil kann etwas begrifflich bestimmt werden. (Ohne kontrastierende Abgrenzungen und Vergleichsmöglichkeiten wäre keine Vorstellung von dieser Welt und kein verstandesmäßiges Denken möglich).

Das T'ai Chi-Symbol (Yin und Yang) und die acht Trigramme des I Ging

Jedes Gegensatzpaar wird als Einheit gesehen, symbolisch dargestellt im T'ai-Chi-Symbol. In dem durch gegensätzliche Pole bestimmten Spielraum befinden sich die Geschehnisse und Erscheinungen in einem stetigen Wechsel und Wandel. Gegensätzlichkeiten verlieren so ihre Bedeutung. Die Erkenntnisse der Philosophie des Yin und Yang führten unter anderem zu der Einsicht in die Notwendigkeit, sich von einem Denken in Gegensätzen, dem dualistischen Denken zu befreien und höchste Wahrheit jenseits der Welt der Gegensätze zu suchen.

Die Universalität des Yin-Yang-Prinzips bestätigt sich durch seine fast unbegrenzten Anwendungsmöglichkeiten. Die Auseinandersetzung mit ihm geschah in China nicht nur philosophisch-theoretisch, sondern seit Jahrtausenden auch praktisch-wissenschaftlich. In der traditionellen chinesischen Medizin und Akupunktur wurden z. B. mit Hilfe des Yin-Yang-Prinzips die Funktionen des physischen und feinstofflichen Wesensbereichs des Menschen erklärt und in einer Weise zueinander in Beziehung gebracht, daß Krankheiten vorgebeugt und geheilt werden konnten.

Als taoistisches Übungssystem ist T'ai Chi Ch'uan am Yin-Yang-Prinzip ausgerichtet. In den langsamen fließenden Bewegungen des T'ai Chi Ch'uan wird das Gewicht fortwährend von einem Fuß auf den anderen verlagert (Yin-Yang-Prinzip). Der Wechsel von voll (Yang = belastet) zu leer (Yin = unbelastet) bei der Gewichtsverlagerung geschieht im Einklang mit der Atmung (Aus- und Einatmen = Yin-Yang-Prinzip). Die Bewegungsabläufe sind beim T'ai Chi Ch'uan in einer Weise gestaltet, daß sich bis in die kleinste Einzelbewegung des Körpers hinein eine natürliche, ausgewogene Bewegung nach dem Yin-Yang-Prinzip ergibt, z. B. ein gleichmäßiges Vor- und Zurückdrehen der Gelenke, ein Heben und Senken der Arme und Beine.

Da Yin und Yang in der Bewegung gleichermaßen zur Geltung kommen, also in Harmonie sind, sprechen wir beim T'ai Chi Ch'uan von einer ausgewogenen Bewegungsweise.

Diese besondere Art der Körperbewegung hat vielfältige Auswirkungen. Über Einwirkungen auf den feinstofflichen Wesensbereich des Menschen und damit auf sein Geistig-Seelisches wird u. a. der Vorgang einer natürlichen Zentrierung des Menschen unterstützt.

WICHTIGE MERKMALE DER ÜBUNG

T'ai Chi Ch'uan, als Ganzes gesehen, läßt sich mit keinem anderen taoistischen Übungssystem vergleichen. Die taoistischen Meditationsübungen werden wie die buddhistischen und hinduistischen in der

Regel im Sitzen ausgeführt. In den taoistischen Gesundheitsübungen und in den vom Taoismus beeinflußten Kampfkünsten sind viele der für T'ai Chi Ch'uan kennzeichnenden Prinzipien nicht enthalten, z. B. das Bemühen um Leichtigkeit und Sanftheit.

Die Taoisten erstrebten, in Einklang mit dem Tao zu kommen, das sich seiner Natur nach jeder Beschreibung, Klassifizierung und damit Einordnung entzog; entsprechend war die meditative Praxis an der Befreiung von gedanklichen Vorstellungen und Konzepten ausgerichtet.

Die ungegenständliche Meditation, die beim T'ai Chi Ch'uan geübt wird, entspricht dem Wesen der taoistischen Lehre. Sie findet sich beim T'ai Chi Ch'uan in zwei Variationen: der Konzentration auf das Untere Tan T'ien (feinstoffliches Energie- und Atemzentrum unterhalb des Nabels, siehe S. 49 ff) und der Übung in vollkommener Aufmerksamkeit (dem Shikantaza des Zen-Buddhismus vergleichbar).

T'ai Chi Ch'uan ist grundsätzlich praxisbezogen. Sein Weg ist eng mit der Vervollkommnung der Ausführung der Übungen verknüpft. Wichtige Geisteshaltungen des Taoismus, wie das Nachgeben und das Folgen (Wu Wei), werden beim T'ai Chi Ch'uan aus der körperlichen und geistig-seelischen Einheit heraus geübt.

Die Übungen sind in einer Weise gestaltet, daß sie eine optimale Situation für den körperlichen und feinstofflichen Wesensbereich des Menschen und damit sein Geistig-Seelisches schaffen. Dies wird durch die besondere Art der Gestaltung der Übungen, im wesentlichen durch das Einbeziehen des Yin-Yang-Prinzips in die Bewegung, durch die Körperhaltung, die Vertiefung der Atmung, Entspannung und geistige Sammlung erzielt. Für die drei im T'ai Chi Ch'uan vereinten Hauptaspekte Gesundheit, Selbstverteidigung und Meditation ist dies die gemeinsame Grundlage.

II Ursprung und Geschichte[1]

Über die frühe Geschichte des T'ai Chi Ch'uan ist wenig bekannt. Seine Anfänge lassen sich bis in die T'ang-Dynastie (618–907) zurückverfolgen. T'ai Chi Ch'uan war anfangs nur in einigen Provinzen Chinas bekannt und auch dort kaum verbreitet. Die Überlieferung geschah meist nur an einen oder wenige Meisterschüler. Es wurde nicht öffentlich unterrichtet.

Drei Persönlichkeiten, Hsü Hsuan-P'ing aus der T'ang-Dynastie, Wang Tsung-Yueh aus der Ming-Dynastie und Chang San-Feng aus der Sung-Dynastie (Ende der Sung-Dynastie) werden für die Gründer des T'ai Chi Ch'uan gehalten. Oft sieht man sie auch in einer Überlieferungslinie (siehe Meister C. T. Chi). Über ihre Lebenszeiten gibt es unterschiedliche Angaben und zwischen ihnen liegen große unbelegte Zeitabschnitte, zum Teil Jahrhunderte.

Was man mit Sicherheit weiß, ist, daß die Entwicklung des T'ai Chi Ch'uan auf einem wohlvorbereiteten Boden stattgefunden hat. Erfahrungen und Einsichten aus drei wichtigen Strömungen chinesisch-taoistischer Kultur – Medizin, Kampfkünste und Religion (Philosophie) – fließen im T'ai Chi Ch'uan zusammen.

Die chinesische Medizin war seit der Zeit des Gelben Kaisers (2697–2597)[2] ein Teilbereich der taoistischen Religion und Philosophie. Nach ihren Erkenntnissen wurde die körperliche und geistig-seelische Gesundheit in engem Zusammenhang gesehen. In der chinesischen Medizin[3] suchte man nicht nur nach Heilmethoden, sondern wollte auch Krankheiten vorbeugen.

Vielfältige Gesundheitsübungen erwuchsen aus der Einsicht in die Nützlichkeit von Bewegung für die Erhaltung der Gesundheit und die Vorbeugung gegen Krankheiten. Bereits 2200 v. Chr. soll der Kaiser Yü Übungen für sein Volk angeordnet haben.[4]

---

[1] Da die T'ai-Chi-Ch'uan-Literatur im Westen hauptsächlich in englischer Sprache vorliegt, werden, um die Orientierung zu erleichtern, im folgenden chinesische Begriffe und Eigennamen in der dort üblichen Transkription wiedergegeben.

[2] Ilza Veith, *The Yellow Emperor's Classic of Internal Medicine*, Seite 6

[3] Pulsdiagnose, Akupunktur, Gesundheitsübungen, Diätetik, Kräuterheilkunde, Massage etc.

[4] Sophia Delza, *T'ai Chi Ch'uan, Body and Mind in Harmony*, Seite 197

Verschreibungen von Kräuter- und Pflanzenmedizinen waren oft mit Übungen kombiniert.[1] Übungen waren Tierbewegungen (z. B. Bär, Tiger, Kranich) nachempfunden. Im chinesischen Denken gleich welcher Zeit und Richtung findet sich ein stark ausgeprägtes Gesundheitsbewußtsein. Die philosophischen Schulen Chinas besaßen ihre eigene Körperschulung.[2]

In der langen Geschichte der chinesischen Kampfkünste, seit etwa 1500 v. Chr.[3], sind unzählige Übungssysteme entwickelt worden. Tausende von Kampfkunstschulen arbeiteten an der Entwicklung neuer Kampftechniken und ihrer Verbesserung. Kampfkünste hatten in China neben gesundheitlichen auch immer geistige Zielsetzungen. Sie wurden von Männern und Frauen aller Stände, von Philosophen, Meistern[4] und Mönchen geübt.

In den taoistischen Meditationsübungen arbeitet man von alters her mit Entspannung, Atmung, Haltung und geistiger Sammlung, die Bausteine des T'ai Chi Ch'uan sind. In die Gestaltung der Übungen des T'ai Chi Ch'uan fließt als wesentliches Element altes taoistisches Wissen um die Gegebenheiten und Gesetzmäßigkeiten des feinstofflichen Wesensbereichs des Menschen ein, im besonderen das Wissen um viele Erscheinungen und Wirkungsweisen der Lebenskraft, der inneren Energie oder kosmischen Energie Ch'i.

T'ai Chi Ch'uan wird auch als Synthese taoistischer Weisheit und taoistischen Denkens bezeichnet. Es ist möglich, daß es einen Begründer des T'ai Chi Ch'uan gegeben hat. Wahrscheinlicher jedoch scheint es, daß sich T'ai Chi Ch'uan als eigenständige Disziplin allmählich entwickelt hat und durch anfangs nicht enthaltene Elemente bereichert wurde. Wenn es so war, dann könnte man diese Entwicklung mit der Abfassung der ersten klassischen Schriften, in denen die bis heute geltenden Grundlagen des T'ai Chi Ch'uan festgehalten sind, als abgeschlossen betrachten. Die erste der inhaltlich sehr ähnlichen, nur wenige Seiten umfassenden klassischen Schriften wird dem Taoisten Chang San-Feng (Ende der Sung-Dynastie, 1127–1279) zugeschrieben. Die klassischen Schriften enthalten die philosophisch-theoretischen Grundlagen des T'ai Chi Ch'uan und die sogenannten Prinzipien — auf die Gestaltung und Ausführung der Übungen bezogene Grundsätze.

---

[1] ibid., Seite 180

[2] Sophia Delza, T'ai Chi Ch'uan, Body and Mind in Harmony, Seite 181

[3] Matsuda, *Geschichte der Chinesischen Kampfkünste*, Seite 311

[4] Die nach dem Kloster Shaolin benannten Kampfkunst-Übungen soll Bodhidharma (chinesisch Ta Mo) eingeführt haben. Der Überlieferung nach hat er den Buddhismus nach China gebracht. Er gilt als der erste Patriarch des Ch'an, des späteren Zen-Buddhismus.

DIE GRÜNDER DES T'AI CHI CH'UAN

Über Hsü Hsuan-P'ing, die erste Persönlichkeit, die als Gründer des T'ai Chi Ch'uan genannt wird, ist wenig mehr bekannt, als daß er ein taoistischer Philosoph und geübt in Kampfkünsten war. Seine Bewegungsübungen sollen schon ähnliche Stellungen enthalten haben, wie wir sie aus dem heutigen T'ai Chi Ch'uan kennen, z. B. die »Peitsche« und »Spiele die Laute«. Hsü Hsuan-P'ings Übungen sollen in Einklang mit den Grundsätzen der Sanften Schule gewesen sein. Die Sanfte oder Innere Schule (Nei Kia), aus der T'ai Chi Ch'uan hervorgegangen ist, hatte sich um seine Zeit bei den chinesischen Kampfkünsten herauskristallisiert. Sie sah sanfte Bewegungen als wesentlich für die Förderung der Gesundheit und das Erlangen höchster Stadien der Selbstverteidigung an. Nach ihren Erkenntnissen konnte die Innere Kraft oder die Lebenskraft Ch'i am besten durch sanfte, fließende Bewegungen entwickelt werden. Die Sanfte Schule sah in der Anwendung jeglicher physischer Kraft ein Hindernis für eine tiefergehende Entwicklung des Ch'i. T'ai Chi Ch'uan und zwei andere, sehr viel spätere Übungssysteme, Hsing I und Pa Kua[1], vertreten die Sanfte Schule. Ihr Prinzip, das Harte durch das Sanfte-Nachgebende zu überwinden, ist alte chinesische Weisheit. (Die Innere Schule stand im Gegensatz zur Harten- oder Äußeren Schule, der die meisten Kung-Fu-Arten und das Shaolin zugerechnet werden. Auch in der Harten Schule arbeitet man an der Entwicklung des Ch'i. Wie aus ihrem Namen hervorgeht, liegt die Betonung ihrer Übungen jedoch auf der Entwicklung, Stärkung und Anwendung der »äußeren«, physischen Kraft des Körpers.)

Auch Chang San-Feng wird als der Gründer des T'ai Chi Ch'uan gesehen. Er war ein bedeutender taoistischer Meister und Philosoph, mit einem großen Wissen über Gesundheitsübungen und Kampfkünste. Seine Schriften sind bis in die heutige Zeit überliefert. Der Legende nach soll ihn der Kampf eines Vogels mit einer Schlange zur Schöpfung des T'ai Chi Ch'uan inspiriert haben. Der Name »T'ai Chi Ch'uan«, die dreizehn Grundstellungen[2] und eine klassische Schrift[3] wird auf ihn zurückgeführt.

Wang Tsung-Yueh aus der Ming-Dynastie (1368–1644), der dritte mögliche Gründer des T'ai Chi Ch'uan soll General gewesen sein. Eine klassische Schrift wird ihm zugeschrieben.[4]

---

[1] Beide wurden um 1750 entwickelt.

[2] Abwehren, Zurückrollen, Drücken, Stoßen, Ziehen, Spalten, Ellenbogen, Schulter, Vorgehen, Zurückziehen, nach links sehen, nach rechts blicken, Gleichgewicht in der Mitte

[3]/[4] Kobayashi, »T'ai Chi Ch'uan – Handbuch zum Selbststudium«, Seite 28, 29

Die Chen-Stil- und Yang-Stil-Tradition und ihre Überlieferung

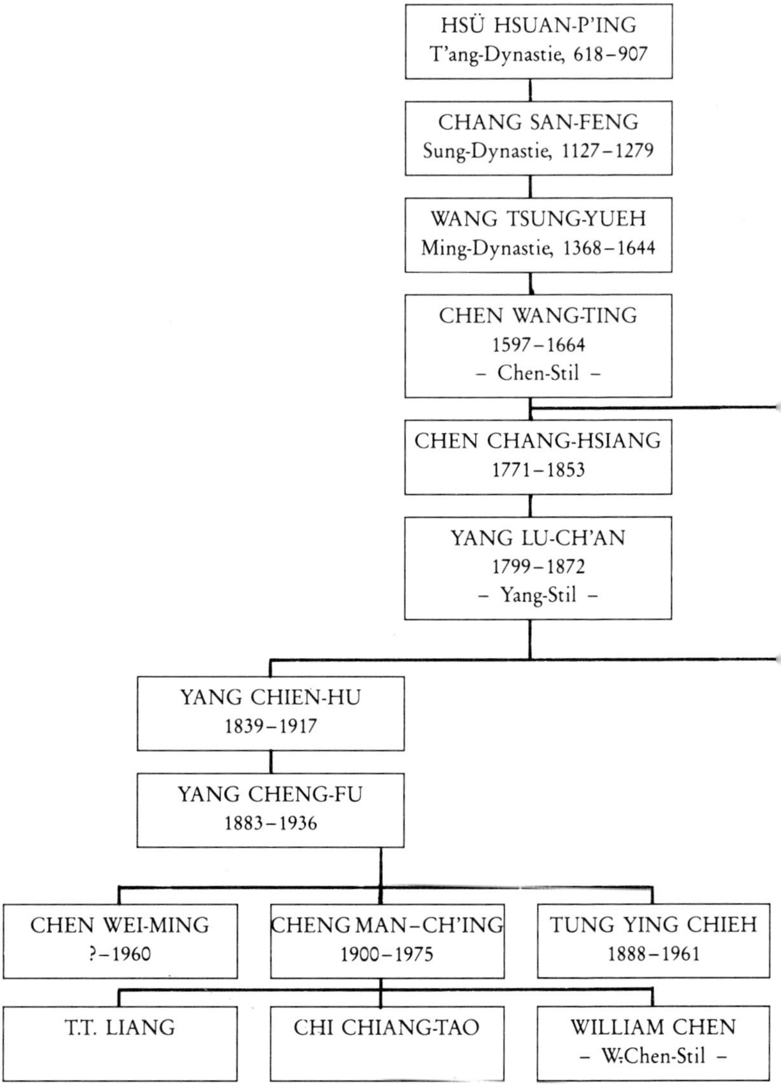

Diese Tafel beschränkt sich auf drei wichtige Überlieferungslinien und einige ihrer herausragenden Meister.

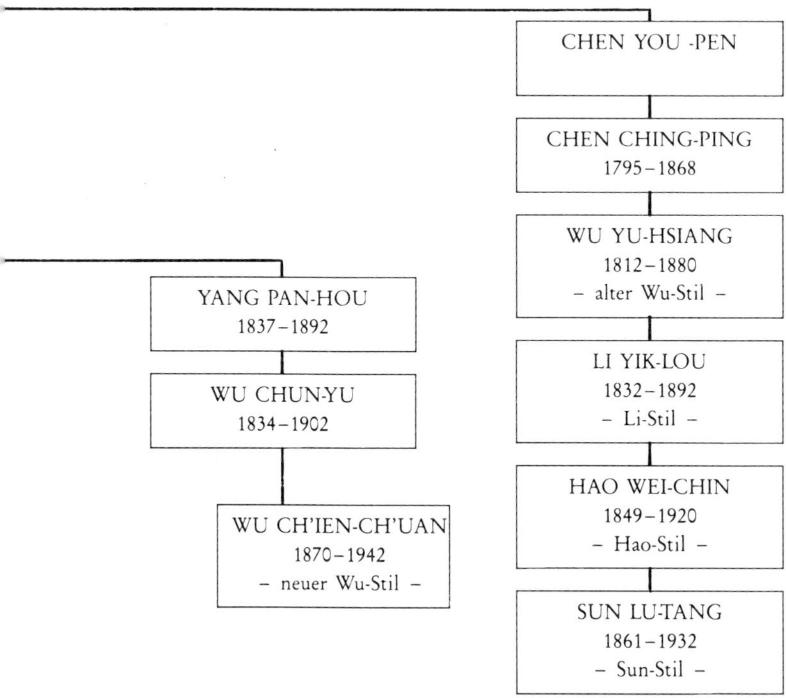
CHEN YOU -PEN
CHEN CHING-PING
1795–1868
WU YU-HSIANG
1812–1880
– alter Wu-Stil –
LI YIK-LOU
1832–1892
– Li-Stil –
HAO WEI-CHIN
1849–1920
– Hao-Stil –
SUN LU-TANG
1861–1932
– Sun-Stil –
YANG PAN-HOU
1837–1892
WU CHUN-YU
1834–1902
WU CH'IEN-CH'UAN
1870–1942
– neuer Wu-Stil –

DER CHEN-STIL UND DER YANG-STIL

Die älteste der heute noch praktizierten Stilarten des T'ai Chi Ch'uan ist der Chen-Stil.[1]

Die Familie Chen führt die Tradition ihres T'ai Chi Ch'uan auf Wang Tsung-Yueh zurück. Sein Wissen soll ihr von dem Meister Chiang Fa überliefert worden sein.

Die Familie Chen hatte sich in einer unsicheren Gegend in der späteren Provinz Honan niedergelassen. Ohne die Beherrschung von Kampfkünsten und das Geheimhalten ihres Wissens, hätte sich die Familie dort nicht behaupten können. Es heißt, daß alle Angehörigen der Familie, auch Kinder und Alte, Kampfkünste (später T'ai Chi Ch'uan) übten.

Chen Wang-Ting (1597–1664)[2] war der erste große Meister der Familie. Er gilt auch als der Begründer des Chen-Stils. 200 Jahre lang wurde der Chen-Stil nur innerhalb der Familie unterrichtet und weitergegeben. Der Chen-Stil gehört zu den bedeutendsten Stilen des T'ai Chi Ch'uan. Viele große Meister sind aus ihm hervorgegangen.

Yang Lu-Ch'an (1799–1872) war bereits Meister vieler Kampfkünste, als er von dem überragenden Können der Familie Chen hörte. Er beschloß, T'ai Chi Ch'uan zu lernen. Da er als Außenstehender keine Aussichten hatte, von der Familie unterrichtet zu werden, verdingte er sich bei ihr als Diener. So bekam er die Möglichkeit, die Familie heimlich beim Üben zu beobachten.

Als ein berühmter Shaolin-Meister kam, um sich mit der Familie Chen zu messen, bat Yang Lu-Ch'an, gegen ihn antreten zu dürfen. Chen Chang-Hsiang (1771–1853, 14. Generation der Familie Chen), der damals führende Meister der Familie, war von Yangs Begabung und Persönlichkeit so beeindruckt, daß er ihn als Schüler annahm. Später entwickelte Yang Lu Ch'an den nach ihm benannten Yang-Stil. Yang Lu-Ch'an erhielt den Beinamen »der Unbesiegbare«, da er nie in einem Kampf unterlag. Durch ihn und später seinen Enkel Yang Ch'eng-Fu wurde T'ai Chi Ch'uan in ganz China berühmt.

Yang Lu-Ch'an war der erste, der T'ai Chi Ch'uan öffentlich unterrichtete.[3]

Er beanspruchte, sein T'ai Chi Ch'uan wieder an dem ursprünglichen T'ai Chi Ch'uan der klassischen Schriften ausgerichtet zu haben. Er führte seine Übungen auf den Grundsatz der sanften, fließenden Bewegung zurück, von dem sich der Chen-Stil seiner Meinung

[1] Aus der Zeit vor dem Chen-Stil sind keine Stilbildungen überliefert.
[2] Er war zeitweilig ein hoher Beamter in der Ming-Dynastie.
[3] Danach begann auch die Familie Chen öffentlich zu unterrichten.

nach durch unterschiedliche Geschwindigkeiten, hohe Sprünge, schnelle Drehungen etc. entfernt hatte. Er orientierte sich ganz an dem für T'ai Chi Ch'uan kennzeichnenden »Prinzip des natürlichen Weges«. Nach diesem Prinzip kann eine Übung nur optimal ganzheitlich (körperlich und geistig-seelisch) wirken und in jeder Hinsicht bestmögliche Entwicklungen hervorbringen, wenn sie sich in Einklang mit den natürlichen Gegebenheiten und Gesetzmäßigkeiten des physischen und feinstofflichen Wesensbereichs des Menschen befindet (siehe die Kapitel über Haltung, Atmung, Bewegung). Die Größe und Bedeutung des T'ai Chi Ch'uan ergab sich nach Yang Lu-Ch'an aus der Anwendung dieses Prinzips; es machte T'ai Chi Ch'uan zu einer gleichermaßen bedeutungsvollen Übung für Gesundheit, Selbstverteidigung und Meditation.

Yang Lu-Ch'an befaßte sich eingehend mit dem philosophischen Hintergrund des T'ai Chi Ch'uan. Er sah in dem Taoisten Chang San-Feng den Begründer des T'ai Chi Ch'uan. Es war Yang Lu-Ch'ans Verdienst, den gesundheitlichen und meditativen Aspekt des T'ai Chi Ch'uan wieder in den Vordergrund gestellt zu haben. Sein T'ai Chi Ch'uan konnte von jedermann erlernt werden.

Yang Lu-Ch'ans Enkel, Yang Ch'eng-Fu (1883–1936), beeinflußte das T'ai Chi Ch'uan der heutigen Zeit wie kein anderer. Seine, von ihm in ihrer Art zum ersten Mal zusammengestellte, Lange Form (siehe Anhang) wird als die traditionelle Form des Yang-Stils bezeichnet. Seine Lange Form war grundlegend für die Entwicklung vieler neuer Stile und die Variationen des Yang-Stils seiner etwa 20 Meisterschüler.

ÜBER STILE

Die in den klassischen Schriften niedergelegten Prinzipien bestimmen die Grundzüge der Bewegungsabläufe, »Formen« genannt. Durch sie ist aber kein bestimmter Bewegungsablauf festgelegt. Viele unterschiedliche Ausprägungen (Stile) der T'ai-Chi-Ch'uan-Übungen wurden entwickelt. Die meisten der etwa 20 Hauptstile sind jedoch erst in der neueren Zeit aus der Chen-Stil–Yang-Stil-Tradition entstanden.

Die zunehmende Verbreitung des T'ai Chi Ch'uan (Hunderttausende von Übenden) brachte jedoch oft eine Verwässerung der Stile mit sich.

Prinzipien gingen verloren. Die Ausführung der Übungen wurde oberflächlich. Einzelne Formabschnitte wurden aus dem Zusammenhang gelöst und als T'ai Chi Ch'uan weitergegeben. T'ai Chi Ch'uan wurde mit anderen taoistischen Übungen und sogar Elementen der Harten Schule vermischt. Wenig qualifizierte Lehrer, die nicht in der

Tradition der alten Stile standen und keinen Zugang zu den höheren Techniken des T'ai Chi Ch'uan hatten, entwarfen neue Stile, die meist nur wenig an den zugrundeliegenden Prinzipien orientiert waren.

Man kann deshalb leider nicht davon ausgehen, daß jedes T'ai Chi Ch'uan ein authentisches T'ai Chi Ch'uan ist. Trotz dieser Entwicklung ist das echte T'ai Chi Ch'uan weiter erhalten geblieben. Es findet sich meist in den direkten Überlieferungslinien der großen alten Stile.

Die Bedeutung eines Stils wird allgemein daran gemessen, ob er große Meister hervorgebracht hat. Die bedeutendsten Stile, die aus der Chen-Stil–Yang-Stil-Tradition hervorgegangen sind, sind der Sun-Stil und der Wu-Stil; beide werden nach ihren Begründern Sun Lu-Tang (1861–1932) und Wu Chien-Ch'uan (1870–1942) benannt.

T'AI CHI CH'UAN IN DER HEUTIGEN ZEIT

T'ai Chi Ch'uan wird in der Volksrepublik China, in Taiwan, Südostasien und überall dort, wo Chinesen leben, geübt. Man spricht von Hunderttausenden, ja Millionen Menschen, die T'ai Chi Ch'uan üben.

Seit den fünfziger Jahren ist der Peking-Stil der populärste Stil in der Volksrepublik China. Sein Begründer war Li T'ien-Yi. Der Peking-Stil basiert auf dem Yang-Stil. Seine Kurzform, »24« genannt, ist im wesentlichen eine gekürzte Fassung der Langen Form Yang Ch'eng-Fus. Die Lange Form des Peking-Stils entspricht weitgehend der Langen Form Yang Ch'eng-Fus.

Auch die großen alten Stile, Chen, Yang, Wu und Sun sind in der Volksrepublik erhalten geblieben. Drei Söhne Yang Ch'eng-Fus gehören zu den bekanntesten Meistern in der Volksrepublik China. Einer von ihnen ist der Präsident aller T'ai-Chi-Ch'uan-Organisationen der Volksrepublik. Eine Enkelin Sun Lu-Tangs soll in Peking unterrichten.

In Japan ist T'ai Chi Ch'uan seit der Wiederaufnahme der Beziehungen zur Volksrepublik China (Anfang der siebziger Jahre) im Rahmen des Kulturaustausches bekannt geworden. T'ai-Chi-Ch'uan-Vereine zählen viele Tausende von Mitgliedern. Große Gruppen reisen nach China, um T'ai Chi Ch'uan zu lernen. Es gibt eine Fülle neuerer japanischer Literatur über T'ai Chi Ch'uan.

Seit den sechziger Jahren wird T'ai Chi Ch'uan in den USA unterrichtet. Lehrer aus Taiwan kamen auf Einladung in die USA. Der bedeutendste unter ihnen war Professor Cheng Man-Ch'ing (1900–1975). Er entwickelte die Kurzform des Yang-Stils (siehe Anhang), die in Taiwan, Südostasien und im Westen zu der am meisten unterrichteten Form wurde. Zwei seiner Schüler, Meister T. T. Liang (Boston) und Meister William Chen (New York) gehören zu den bekanntesten Lehrern in den USA.

In Europa ist T'ai Chi Ch'uan (Anfang der achtziger Jahre) immer noch in den Anfängen begriffen.

Cheng Man-Ch'ing führt aus: »Goldener Hahn steht auf einem Bein«.

III Die Haltung beim T'ai Chi Ch'uan

»Wer in seinem Körperlichen
gestaltet das Unkörperliche,
der hat einen festen Halt.«[1]

CHUANG TSE

T'ai Chi Ch'uan soll in einer bestimmten Haltung geübt werden. Aus den Prinzipien des T'ai Chi Ch'uan ergibt sich ein Haltungsideal als Richtlinie zum Üben. Es braucht viele Jahre geduldigen Übens, bis diese Haltung bei allen Bewegungen entspannt eingenommen werden kann.

Die klassischen Schriften und die zehn grundlegenden Punkte des Yang Ch'eng-Fu enthalten Anmerkungen, die über das, was wir im allgemeinen mit Haltung verbinden, hinausgehen, z. B.: »Die Kopfdecke soll sich belebt anfühlen.« »Wird der Rücken gerade gehalten, so fließt die Kraft auf unvergleichliche Weise.« »Der Körper soll am Kopf (Scheitelpunkt) wie von einem unsichtbaren Band im Lot gehalten werden.« »In dieser Haltung kann alle Schwere nach unten sinken, und der Körper wird leicht und beweglich.«

Aus diesen Sätzen können wir entnehmen, daß sich die Haltungsprinzipien des T'ai Chi Ch'uan nicht nur auf das Einnehmen der äußeren Haltung beschränken, sondern auch eine uns weitgehend unbekannte Dimension von Haltung mit einbeziehen.

Normalerweise sind wir uns unserer Haltung wenig bewußt. Im allgemeinen ist unsere Haltung weder von einer Empfindung begleitet, noch bringt sie eine hervor. Sie macht sich meist nur durch ihre negativen Auswirkungen bemerkbar: Da die Wirbelsäule durch verschiedenste Fehlhaltungen ihre tragende zentrale Position verloren hat und der Rumpf in unnatürlicher Weise durch den Bandapparat gehalten werden muß, äußert sich das folglich in Rücken- und Kreuzschmerzen, Bandscheibenschäden oder ganz einfach in dem Unbehagen, längere Zeit zu stehen oder zu sitzen, ohne sich anlehnen zu können.

Das Üben des T'ai Chi Ch'uan bewirkt eine zunehmende Bewußtwerdung unserer Haltung. Sie erfährt eine Aufrichtung von innen her, wird belebt und trägt wesentlich zu einem grundlegenden Zustand des Wohlbefindens bei. Haltung ist nicht mehr angestrengtes, angespanntes Sich-halten-Müssen, sondern ein Gehaltensein in angenehmer Sanftheit und Leichtigkeit. Die Haltung gibt wieder Halt,

[1] Dsuang Dsi (Chuang Tse), *Das wahre Buch vom südlichen Blütenland,* Seite 246

und das nicht nur in körperlicher, sondern auch in geistiger Hinsicht. Bei andauerndem Üben des T'ai Chi Ch'uan trägt die empfohlene Haltung wesentlich zum Entstehen und zur Vertiefung einer meditativen Geisteshaltung bei. Dies läßt sich nicht allein durch Muskeltonus, reflektorische Aufrichtung usw. erklären. Es wird erst verständlich, wenn wir die Wirkung der Haltung auf den feinstofflichen Wesensbereich des Menschen und damit auf sein Geistig-Seelisches einbeziehen (siehe Kapitel VII: »Der feinstoffliche Wesensbereich«).

Im folgenden werden die Einzelaspekte der Haltung beschrieben. In ihrem Zentrum steht die Ausrichtung der Wirbelsäule. Entsprechungen aus neueren westlichen und anderen traditionellen östlichen Übungssystemen sind erwähnt.

DER KOPF

> Der Kopf soll aufrecht gehalten werden. Er soll nicht nach vorne, hinten oder zur Seite neigen.
>
> Das Kinn wird angezogen, dabei wird mit der Kopfdecke (dem Scheitelpunkt) nach oben wie gegen einen Widerstand gedrückt.

Es beansprucht viele Jahre der Übung, bis diese Kopfhaltung entspannt beibehalten werden kann. Die Annäherung an diese Kopfhaltung sollte immer unter geringstmöglicher Kraftanwendung erfolgen, also mehr durch Hindenken. In keinem Stadium darf sich eine erstarrte oder verkrampfte Kopfhaltung einstellen. Bei andauernder Übung ergibt sich aus dieser Kopfhaltung ein angenehmes, leichtes Tragen des Kopfes.

Entsprechungen:

1. Von allen neueren, in diesem Jahrhundert entwickelten westlichen Übungssystemen, die sich am ganzheitlichen Menschenbild orientieren, kommt die Alexander-Technik[1] den Haltungsprinzipien des T'ai Chi Ch'uan am nächsten. Die von Alexander empfohlene Kopfhaltung entspricht der des T'ai Chi Ch'uan. Um die nach hinten erschlaffte Kopfhaltung zu korrigieren, soll der Kopf nach »vorne und oben«[2] gebracht werden; der Kopf soll sich nicht nach hinten oder vorne oder zu den Seiten neigen.

---

[1] Benannt nach ihrem Begründer F. Matthias Alexander (1869–1955)

[2] Louise Morgan, *Hilfe aus Dir Selbst – Die Alexander-Methode*, Seite 130

2. Die Meditationsübungen des Hinduismus, Buddhismus und Taoismus werden von alters her in einer Haltung geübt, die diese Kopfhaltung einschließt. In den Anleitungen zum Za Zen[1] heißt es, daß bei kerzengeradem Rücken die Nasenspitze und der Bauchnabel in einer Linie liegen sollen. Das ist nur durch die Einnahme dieser Kopfhaltung möglich.

DER MUNDRAUM, DIE ZUNGE

Der Mund ist leicht geschlossen. Die Zähne (Backenzähne) liegen aufeinander. Der Kiefer darf nicht verkrampft werden. Die Zunge liegt entspannt am oberen Gaumen an (die Zungenspitze hinter der oberen Zahnreihe).

Entsprechungen:

1. Diese Haltung der Zunge, die sich noch beim gesunden Säugling und Kleinkind findet, ist bei den traditionellen fernöstlichen Meditationsübungen üblich. Über das Anlegen der Zunge am oberen Gaumen wird eine Wirkung im feinstofflichen Wesensbereich erzielt, in diesem Fall eine Erscheinung, die in der taoistischen Lehre und im T'ai Chi Ch'uan als das Sinken des Ch'i bezeichnet wird.
   In den Lehren des taoistischen Yogas heißt es dazu:
   »Der Raum des Himmlischen Teiches (T'ien chih hsueh) befindet sich im Gaumen[2] ... So wird die Zunge angehoben, um den Teich zu bewahren und so schafft man eine Brücke für wahre Lebenskraft, damit sie durch den Hsuang-Yin-Raum (dem geheimnisvollen Zaum auf dem Kanal der Funktion hinter dem Himmlischen Teich im Gaumen) hin zum Unteren Tan-T'ien-Zentrum (das Feld des Elixirs) sinken kann, wo es gehalten wird.«[3] »Wenn die Zunge nicht gegen den Himmlischen Teich gedrückt wird, wird die Lebenskraft nicht in den Raum des Unteren Tan T'iens sinken und der vorgeburtliche Atem wird sich erschöpfen.«[3]

[1] Sitzen in der Zen-Meditation
[2] Hier ist eine Ortsbestimmung im feinstofflichen Wesensbereich, orientiert am Körperlichen gemeint.
[3] Lu K'uan Yü, *Taoist Yoga*, Seite 7

DIE AUGEN, DIE OHREN

Beim Sehen und Hören wird das Äußere gleichsam passiv wahrgenommen. Der Blick wird nicht fixiert. Beim Hören wendet man sich keinem bestimmten Geräusch zu.

Entsprechungen:

1. In der taoistischen Lehre zählt man die Augen und Ohren zu den »Fünf Dieben« (Augen, Ohren, Nase, Zunge und Körper). Wie es heißt, geht dem Menschen durch die über sie nach außen gerichtete Aufmerksamkeit fortwährend Energie verloren. Das passive Wahrnehmen verhindert ein »Wegfließen« der Energie und unterstützt die für geistige Prozesse erforderliche Sammlung aller Kräfte des Menschen. (Vom Selbstverteidigungsaspekt aus mag dies wenig vorteilhaft erscheinen. Es wird aber auf diese Weise in großem Maße zu der Verfeinerung und Erweiterung unserer Wahrnehmung beigetragen, die weit über das bloße Sehen und Hören unserer Augen und Ohren hinausgeht.)

DIE SCHULTERN, DIE ELLENBOGEN

Schultern und Ellenbogen sollen entspannt hängen (»Bärenschultern«)[1]. (Das Hängenlassen der Ellenbogen unterstützt das Entspannen und Loslassen in den Schultern.)

Im Schulter- und Nackenbereich sind Fehlhaltungen und sich aus ihnen ergebende Verspannungen besonders häufig.

Jede körperliche und geistige Anspannung resultiert meist auch in einem Hochziehen der Schultern, das sich bei Nervosität, Aufregung, Angst, Hetze, Streß, seelischen Problemen usw. noch verstärkt. Eine verfestigte Anspannung in den Schultern ist weit verbreitet.

Das Loslassen im Schulterbereich ist beim T'ai Chi Ch'uan von zentraler Bedeutung. Es heißt, daß das Festhalten in den Schultern das Ch'i im oberen Bereich des Körpers hält und seinem Sinken hinderlich ist. Das Übergewicht des Intellekts und seine Verselbständigung (nichtendenwollende Gedankenketten) werden mit dem Stau des Ch'i im oberen Teil des Körpers in Verbindung gebracht.

---

1 Es versteht sich, daß hier kein Hängenlassen der Schultern in einer Fehlhaltung gemeint ist.

DIE BRUST

> Die üblicherweise überangespannte Brustbeinpartie soll entspannt werden (»sinken«).

Dadurch korrigiert sich die Brustwirbelsäule von innen her. Das Entspannen im Brustbereich hilft dem Sinken des Ch'i.

Entsprechungen:

1. Swami Vivekananda in seinem Buch *Raja-Yoga:*
   »Bei der Sitzhaltung ist es vor allem wichtig, die Wirbelsäule dadurch freizuhalten, daß man – aufrecht sitzend – Brust, Hals und Kopf in eine Gerade bringt. Das ganze Gewicht soll auf den Rippen ruhen, dann wird man bei geradem Rückgrat eine bequeme Sitzhaltung gefunden haben.« »Sie werden schnell entdecken, daß bei eingesunkener Brust ein hoher Gedankenflug unmöglich ist.«[1]

DIE WIRBELSÄULE, DER RÜCKEN

> »Die Wirbelsäule soll so gerade gehalten werden, als ob man einen Stock verschluckt hat.« (Klassische Schriften des T'ai Chi Ch'uan)

Das entspannte Sinkenlassen des Gesäßes richtet das Becken auf und begradigt so den unteren Teil der Wirbelsäule (Lendenwirbelsäule), das Sinken der Brust begradigt den mittleren Teil der Wirbelsäule (Brustwirbelsäule), das Anziehen des Kinns und das Nachobendrücken der Kopfdecke richtet den oberen Teil der Wirbelsäule (Halswirbelsäule) auf. Der Rücken soll sich weiten. So können sich bei hängenden Schultern die Schulterblätter in ihre natürlich anliegende Haltung begeben. Dabei soll gleichzeitig die leichte Rundung der Schultern nach vorne beibehalten werden.

Die gerade Haltung der Wirbelsäule kennen wir von den Sitzhaltungen, in denen die traditionellen östlichen Meditationen geübt werden. Da die gerade Haltung der Wirbelsäule für viele Abläufe und Entwicklungsprozesse im feinstofflichen Wesensbereich bestmögliche Bedingungen schafft, und da sich T'ai Chi Ch'uan wie die anderen östlichen Wege auf Entwicklungen im feinstofflichen Wesensbereich bezieht, finden wir diese Haltung auch hier wieder. Siehe die zehn grundlegenden Punkte Yang Ch'eng-Fus: »Wird der

---

[1] Vivekananda, *Raja-Yoga*, Seite 19

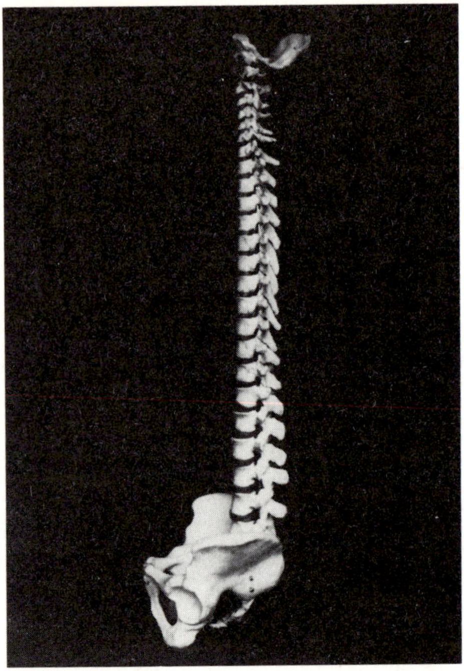

Die gerade Haltung der Wirbelsäule

Bei der geraden Haltung der Wirbelsäule wird die Federwirkung von den Bandscheiben übernommen.

Rücken gerade gehalten, so fließt die Kraft auf unvergleiche Weise.« Auch für den physischen Wesensbereich birgt diese Haltung viele Vorzüge. Bei einer geraden Haltung der Wirbelsäule ruhen alle Wirbelkörper aufeinander, so daß sich die Wirbelsäule von selbst halten kann. Die aus den Wirbelbögen austretenden Nervenbahnen werden nicht behindert. Da sich die Haltung im Einklang mit dem lotrechten Wirken der Schwerkraft stabilisieren kann, wird der Bänder- und Muskelapparat, der bei Abweichungen von der geraden Haltung zusätzliche Haltearbeit leisten muß, entlastet.

Wenn wir davon ausgehen, daß es für den Menschen eine bestmögliche Haltung gibt, und wir uns dabei an seiner Ganzheit orientieren, so wäre eine Haltung dann optimal, wenn sie es für alle Wesensbereiche des Menschen ist. Sie kann also daran gemessen werden, inwieweit sie optimale Bedingungen für den physischen *und* feinstofflichen Wesensbereich des Menschen schafft. Im Haltungsideal des T'ai Chi Ch'uan sehen wir diese Bedingungen erfüllt.

Entsprechungen:

1. Alexander (Alexander-Technik) empfiehlt sowohl im Sitzen als auch in der Bewegung die gerade Haltung der Wirbelsäule: »Das Rückgrat soll sich in der Beuge des Kreuzes strecken und lang werden, der Rücken soll sich dabei dehnen, die Hüften zurückgehen, das Becken sich aufrichten und die Gesäßbacken sich einziehen — wobei die Ausbuchtungen des Körpes vorn und hinten wie weggezaubert verschwinden.« Durch das Einnehmen dieser Haltung wird die »Primär-Kontrolle« wirksam. »Ihre wichtigste Aufgabe ist, Körper und Geist als Einheit in harmonischer Tätigkeit zu erhalten — und das heißt: in Gesundheit.«[1]
2. Dr. med. Johannes Ludwig Schmitt kam in seiner jahrzehntelangen atemtherapeutischen Arbeit durch die Orientierung an dem natürlichen Atemvorgang (siehe auch das Kapitel über die Atmung) auf die gerade Haltung der Wirbelsäule. Er sieht in einem starken geraden Kreuz und in einer bis zum 7. Halswirbel bolzengerade aufgerichteten Wirbelsäule die optimale Haltung.
   Dr. Schmitt: »Die derzeitige Lehre, daß in der Wirbelsäule eine Kyphose und Lordose (Rückwärtsbuchtung in Brusthöhe und Innenvorbuchtung in Kreuzhöhe) normal sei, ist falsch, hemmt den Atem und führt zu einer Reihe schwerster Störungen.«[2]
3. Beim gesunden, nicht durch schwere Haltungsfehler der Eltern vorbelasteten Kleinkind findet sich noch die beim T'ai Chi Ch'uan beschriebene Haltung. Das kleine Kind steht mit beiden Füßen fest auf dem Boden, es hält sich mit gerader Wirbelsäule aufrecht, hat entspannte Schultern und hängende Arme. Der Kopf wird auf der geraden Halswirbelsäule leicht und frei getragen.

DIE BEINE, DIE KNIE

> Die Knie sind bei allen Bewegungen gebeugt. Sie sollen über den Füßen bleiben, damit sich die Beine »wie im Reitersitz« öffnen können.

Bei andauernder Übung wird es leichter fallen, in den Bewegungen tiefer zu gehen.

Die durch die Übung im Bogenschritt[3], in den Bogenschritt hinein und aus dem Bogenschritt heraus erlangte Beweglichkeit im Becken-

---

[1] Louise Morgan, *Hilfe aus Dir Selbst – Die Alexander-Methode*, Seite 126
[2] Dr. Schmitt, *Atemheilkunst*, Seite 125
[3] Der Bogenschritt ist einer der vier Grundschritte des T'ai Chi Ch'uan

bauchraum, insbesondere der Beckenbodenmuskulatur, trägt wesentlich zur Vertiefung der Atmung bei (siehe das Kapitel V »Die Atmung«).

Entsprechungen:

1. Eine sich aus der Übung des Bogenschrittes ergebende vergleichbare Wirkung für den Beckenbauchraum und die Beckenbodenmuskulatur wird durch das Sitzen im Lotussitz bzw. Halblotussitz und im Fersensitz (jap. Seiza), den traditionellen Sitzhaltungen der östlichen Meditationswege, erzielt.

DIE FÜSSE

> Bei allen Bewegungen soll über die Füße ganz bewußt Kontakt zum Boden gehalten werden. Die Füße sollen am Boden »haften«.

Die Füße und Beine werden beim T'ai Chi Ch'uan mit den Wurzeln eines Baumes verglichen. Ihre besondere Kräftigung durch das Üben des T'ai Chi Ch'uan, z. B. die kontinuierliche langsame Gewichtsverlagerung von einem Fuß auf den anderen, trägt dazu bei, daß diese ihre Aufgabe als »Wurzeln« wieder erfüllen können.

*

Das Haltungsideal des T'ai Chi Ch'uan läßt sich nicht ohne den Gesichtspunkt der Entspannung verstehen. T'ai Chi Ch'uan will kein Erstarren in einer Haltung, sondern ein immer umfassenderes Entspannen (»Loslassen«) in der Haltung.

Zwei wesentlich durch das entspannte Einnehmen der empfohlenen Haltung beim T'ai Chi Ch'uan hervorgerufene Wirkungen, das »Sinken« und das »Steigen« des Ch'i, wollen wir zum besseren Verständnis im nächsten Kapitel behandeln.

IV Die Bewegung

Sanfte, langsame, fließende Bewegungen sind kennzeichnend für T'ai Chi Ch'uan. Ihre Wirkung wird als entspannend, ausgleichend und harmonisierend empfunden.

Alle Bewegungsprinzipien des T'ai Chi Ch'uan sind wichtig. Ihr gleichzeitiges Befolgen ergibt die besondere Bewegungsweise des T'ai Chi Ch'uan.

Viele Bewegungsprinzipien des T'ai Chi Ch'uan lassen sich in der Bewegungsweise des kleinen Kindes finden. Das kleine Kind bewegt sich z. B. noch in Einklang mit dem für T'ai Chi Ch'uan wichtigen Prinzip der Einheit des Körpers in der Bewegung (siehe im folgenden):

Es behält beim Gehen, Springen, Laufen und Bücken die vorher beschriebene gerade Rumpfhaltung bei; wird es, uns den Rücken zukehrend, gerufen, dreht es sich mit dem ganzen Körper um; der Erwachsene dreht in der gleichen Situation den Kopf, höchstens noch ein wenig den Oberkörper.

Die Bewegungsweise des kleinen Kindes wird als Ausdruck oder Entsprechung seines noch natürlichen Zustandes gesehen und deshalb natürliche Bewegungsweise genannt. Das kleine Kind hat noch die Beweglichkeit und Geschmeidigkeit des Körpers, es hat noch den tiefen natürlichen Atem, den freien Fluß des Ch'i und seine feinstofflichen Zentren sind noch vergleichsweise offen.[1] Wenn wir die natürliche Bewegungsweise als Ausdruck eines noch weitgehend unversehrten Zustandes des körperlichen und feinstofflichen Wesensbereichs des Menschen sehen, dann kann das Befolgen natürlicher Bewegungsprinzipien dazu beitragen, zu diesem Zustand zurückzuführen.

Die besondere Entwicklung und Pflege des Ch'i wird beim T'ai Chi Ch'uan wesentlich durch das Befolgen der Bewegungsprinzipien erreicht. Kommen die Bewegungsprinzipien immer mehr zur Anwendung, verändern sich die Bewegungen in ihrer Qualität. Die geweckte, an sich unerschöpfliche, feinstoffliche Energie trägt gleichsam den Körper in der Bewegung.

---

[1] Siehe dazu das *Tao Te King:* »Kannst du deine Kraft einheitlich machen und die Weichheit erreichen, daß du wie ein Kindlein wirst?« *Tao Te King*, Übersetzung von Richard Wilhelm, Abschnitt 10, Seite 50

SANFT UND LEICHT WIE EINE FEDER

Alle Bewegungen, das Aufsetzen der Füße, das Heben und Senken der Beine, die Drehbewegungen, sollen so sanft und leicht wie möglich durchgeführt werden. Das gilt für alle T'ai-Chi-Ch'uan-Übungen, die Einzelübungen (Kurzform und Lange Form), die Partnerübungen, die Schwertformen und das Ta Lu (das große Ziehen).

Für die Sanftheit und die Leichtigkeit gibt es beim T'ai Chi Ch'uan kein Maß. Das Bemühen um immer mehr Sanftheit und Leichtigkeit ist Bestandteil der täglichen Übung.

Meister C. T. Chi: »Der Grundsatz des T'ai Chi Ch'uan ist Leichtigkeit.«

Entsprechungen:

1. M. F. Alexander (Alexander-Technik) empfiehlt eine dem T'ai Chi Ch'uan in vielem ähnliche Gehbewegung, ein sanftes, leichtes Aufsetzen der Füße — der Fuß soll so leicht aufgesetzt werden, »wie Ihre Hand Seide berührt«. Louise Morgan beschreibt eindrucksvoll die Veränderungen, die sich für sie aus dem Erlernen dieser Art zu gehen ergaben: Ein besseres Gleichgewichtsgefühl, Elastizität, Leichtigkeit des Schreitens, Zunahme der Vitalität, geistige Befriedigung und Heiterkeit.[1]

2. Das Weiche und Bewegliche wird im Tao Te King als ein Kennzeichen des Lebens gesehen: »Der Mensch ist weich und beweglich, wenn er lebt, aber hart und steif, wenn er tot ist. Das Gras und die Bäume sind zart und biegsam, wenn sie leben, aber hart und erstarrt, wenn sie tot sind. So sind das Harte und Starre Gesellen des Todes; das Weiche und Bewegliche Gesellen des Lebens.« Im T'ai Chi Ch'uan finden wir ein sanftes und leichtes Üben, das uns Beweglichkeit und Weichheit gibt, und uns in Einklang mit dieser Weisheit mit Leben erfüllt.[2]

DIE BEWEGUNGEN SOLLEN ENTSPANNT AUSGEFÜHRT WERDEN

Das chinesische Wort »Sung« wird in Ermangelung eines treffenderen Ausdrucks mit Entspannung (englisch: relaxation) übersetzt.[3] Mit Sung wird jedoch eine sehr viel tiefere Bedeutung angesprochen, als

---

[1] Louise Morgan, *Hilfe aus Dir Selbst — Die Alexander-Methode,* Seite 173
[2] Tao Te King, Übersetzung von D. C. Lau, Seite 138 (in eigener Übersetzung)
[3] T. T. Liang, »T'ai Chi Ch'uan« For Health and Self-Defense, Seite 29

sie in unserem Verständnis von Entspannung allgemein enthalten ist. Entspannung, Lockerheit, Gelöstheit sind nur die ersten Schritte auf dem Weg zu Sung. Sung kommt am ehesten einem Loslassen gleich, einem Loslassen, das immer tiefer und umfassender werden soll und das gleichermaßen körperlich und geistig geübt wird.

Wie dem Bemühen um Leichtigkeit und Sanftheit sind auch dem Bemühen um Sung keine Grenzen gesetzt.

Siehe Yang Ch'eng-Fu: »Das größte Geheimnis des T'ai Chi Ch'uan ist das Entspannen.«

MUSKELN, SEHNEN, GELENKE UND KNOCHEN »ÖFFNEN«

»In der Vorstellung sollen alle Muskeln, Sehnen, Gelenke und Knochen weit geöffnet werden, damit das Ch'i ohne Hindernisse fließen kann.«

Die Vorstellung der »Durchlässigkeit« von Sehnen, Muskeln, Bändern, Gelenken und Knochen hilft Verspannungen und Verkrampfungen zu lösen. Das kommt auch dem geistigen Lenken und Bewegen des Ch'i zugute.

KEINE KRAFT ANWENDEN

Bei der Ausführung der Übungen soll nach Yang Ch'eng-Fu »nicht einmal die geringste armselige Kraft« angewandt werden.

Ein Anwenden von körperlicher Kraft geht mit einem Zusammenziehen und Hartwerden einher, das im feinstofflichen Wesensbereich den Fluß des Ch'i hemmt. Je mehr wir bei der Ausführung der Übungen von der körperlichen Kraft »loslassen«, je sanfter, leichter und entspannter wir also üben, desto mehr kann das Ch'i die Bewegung erfüllen und zur Anwendung kommen.

DIE GESCHWINDIGKEIT IST GLEICHBLEIBEND UND LANGSAM

Die Geschwindigkeit ist in den Klassischen Schriften beschrieben. Sie wird mit dem Ziehen eines Seidenfadens aus einem Kokon verglichen — zieht man zu schnell, reißt er; zieht man zu langsam, löst er sich nicht. Diese Art der Geschwindigkeit ist ein wichtiges Element des T'ai Chi Ch'uan. Die Entwicklung und Pflege des Ch'i wird beim

T'ai Chi Ch'uan wesentlich durch das Üben in der hier angegebenen Weise hervorgebracht.

Es ist nicht Ziel der Übung, die Bewegungen immer langsamer oder so langsam wie möglich auszuführen. Durch zu langsame Bewegungen kann die Beweglichkeit und Geschmeidigkeit des Körpers kaum erreicht werden und kommen die Prinzipien der Sanftheit und Leichtigkeit nicht in der erforderten Weise zur Geltung.

Sowohl fortwährend zu langsames Üben (der Faden löst sich nicht), als auch fortwährend zu schnelles Üben (der Faden reißt), steht nicht in Einklang mit den Prinzipien des T'ai Chi Ch'uan.

»IN DER BEWEGUNG GLEICHE DEM LAUF EINES GROSSEN FLUSSES«

Die fließende Ausführung der Bewegungen ergibt beste Voraussetzungen für die Entwicklung und Pflege des Ch'i.

DIE BEWEGUNGEN SIND KREISFÖRMIG

Die gleichmäßigen, durch die kreisförmigen Bewegungen verursachten Drehungen der Gelenke (und der ihnen verbundenen Sehnen, Muskeln und Bänder) ergeben die besondere ausgewogene Geschmeidigkeit und Beweglichkeit des Körpers, die T'ai Chi Ch'uan kennzeichnet.

Diese Art der Bewegung ist eines der großen Geheimnisse des T'ai Chi Ch'uan. Die durch sie erreichte, in ihrer umfassenden Natürlichkeit dem Kleinkind vergleichbare Geschmeidigkeit und Beweglichkeit des Körpers hat eine andere Qualität als z. B. die, meist durch Überdehnung der Muskeln und Bänder hervorgerufene, leistungsbezogene Beweglichkeit des Sportlers oder Akrobaten.

PRINZIP DER EINHEIT DES KÖRPERS IN DER BEWEGUNG

»Kein Teil des Körpers bewegt sich, wenn nicht der ganze Körper in Bewegung ist, kein Teil des Körpers ist in Ruhe, wenn nicht der ganze Körper in Ruhe ist.«

Hier ist das Prinzip der Einheit des Körpers in der Bewegung beschrieben. Wesentlich für die Erfüllung dieses Prinzips ist die Rumpfhaltung. Die ausgeglichene, aufrechte Haltung des Rumpfes (siehe das Kapitel über die Haltung) soll während des ganzen Übungsablaufes beibehalten werden. Der Rumpf soll weder in der Taille abgeknickt

—1—

»Gehockte Peitsche«

—1— —2— —3—

»Nadel vom Meeresboden holen«

werden, noch sollen Ober- und Unterkörper voneinander weggedreht werden. Das gilt auch für nach unten gehende Bewegungen wie z. B. »Gehockte Peitsche« und die »Nadel vom Meeresboden holen.«

Die Arm-, Hand-, Bein- und Fußbewegungen ergeben sich aus der Bewegung des Rumpfes. Die Hüften werden als das Zentrum der Bewegungen gesehen. Alle äußerlich noch so verschieden anmutenden Bewegungsabläufe haben das Prinzip der »Einheit des Körpers in der Bewegung« zur Grundlage. Wenn dieses Prinzip nicht befolgt wird, werden Fehler gemacht, die unabhängige oder unkoordinierte Arm-, Hand-, Bein- oder Fußbewegungen genannt werden.

Die einheitliche Bewegung des Körpers hilft der Zentrierung der feinstofflichen Energie in unserer Mitte und unterstützt damit die Entwicklung des Unteren Tan T'iens (wichtiges feinstoffliches Zentrum unterhalb des Nabels).

Entsprechungen:

1. Alexander-Technik: »Richtiges Gehen kann man nicht lernen, wenn man nicht die Fähigkeit erwirbt, als einheitlicher Organismus zu funktionieren«[1]
2. Dr. med. J. L. Schmitt: »Falsche Bewegung ist eine Vielheit. Richtige Bewegung ist viel in Einheit.«[2]

PRINZIP DER KOORDINIERTEN BEWEGUNG

»Die Bewegung hat ihren Ursprung in den Füßen, wird von den Hüften (Beckengürtel) gelenkt und wirkt durch die Finger.«

Hier ist das Prinzip der koordinierten Bewegung, das eng mit dem Prinzip der Einheit des Körpers in der Bewegung verknüpft ist, beschrieben. Wenn alle Forderungen des T'ai Chi Ch'uan (richtige Haltung, Sanftheit, Loslassen usw.) erfüllt sind, geht die äußere Bewegung des Körpers mit der innerlich wahrgenommenen Bewegung des Ch'i einher.

KLARE GEWICHTSVERLAGERUNG

»Bei der Gewichtsverlagerung soll der Wechsel von voll (Yang) zu leer (Yin) bewußt vollzogen werden.« »Yin und Yang sollen klar voneinander unterschieden werden.«

---

[1] Louise Morgan, *Hilfe aus Dir Selbst – Die Alexander-Methode,* Seite 170

[2] Dr. med. Johannes Ludwig Schmitt, *Das Hohe Lied vom Atem,* Seite 237

Zum Ende einer Gewichtsverlagerung hin sind beim T'ai Chi Ch'uan zwei Dinge wichtig: das sogenannte »Vollwerden« und das »Sinken.«

Das »Vollwerden«: Bei andauernder Übung wird die mit der Gewichtsverlagerung einhergehende fließende Bewegung des Ch'i spürbar. Sie wird zum Ende einer Gewichtsverlagerung hin als ein »Vollwerden« oder Sammeln der Energie z. B. im Bereich des Fußes empfunden. Die aufmerksam ausgeführte Gewichtsverlagerung (Belastung und Entlastung) unterstützt diesen Vorgang wesentlich.

Das »Sinken«: Am Ende einer Gewichtsverlagerung wird das Belasten eines Fußes durch ein leichtes, äußerlich kaum wahrnehmbares Hineinsinken in den Fuß vollendet (»Sinken«). Dieser körperliche Bewegungsakzent unterstützt den Sammlungsprozeß des Ch'i und ermöglicht so die korrekte Ausführung des wichtigen Grundsatzes »center equilibrium« (Gleichgewicht) halten. Das Sinken ist mit einem umfassenden Loslassen auch unnötiger muskulärer Anspannung verbunden.

Das bewußte Üben des »Vollwerdens« und des »Sinkens« hat entscheidenden Anteil an der besonderen für T'ai Chi Ch'uan kennzeichnenden Pflege und Entwicklung des Ch'i. Bei einer mangelhaften, ungenauen Gewichtsverlagerung (kein »Vollwerden«, kein »Sinken«) wird die Pflege und Entwicklung des Ch'i außerordentlich beeinträchtigt.
Siehe auch Yang Ch'eng-Fu: »Wird Entlastung und Belastung geteilt, dann wird die Drehung leicht und belebt: man braucht dann überhaupt keine Kraftanwendung.«

DAS SINKEN UND DAS STEIGEN DES CH'I

Bisher wurden Übungsanweisungen aufgeführt, die sich auf die Bewegungsprinzipien des T'ai Chi Ch'uan beziehen. Das Sinken und das Steigen des Ch'i ergibt sich aus dem Befolgen der Prinzipien, im wesentlichen der Haltungs- und Bewegungsprinzipien des T'ai Chi Ch'uan.

Das Sinken des Ch'i: Wenn die Prinzipien des T'ai Chi Ch'uan immer genauer befolgt werden, wird das Sinken des Ch'i wahrgenommen. Aus ihm ergibt sich ein Gefühl des Verbundenseins mit dem Boden, das auch als ein Haften der Fußsohlen am Boden gespürt wird. Das Sinken des Ch'i, das bei andauernder Übung zunehmend stärker und tiefergehender empfunden wird, führt schließlich zum sogenannten »Wurzeln«. Es ist von der Empfindung begleitet, gleichsam in den Boden einzusinken, »Wurzeln zu schlagen«. Das Haften der Fußsohlen am Boden und das »Wurzeln« werden sowohl in Ruhe als auch in Bewegung gleichermaßen empfunden.

Das Steigen des Ch'i: Durch das Sinken des Ch'i entsteht gleichsam als daraufbezogene Gegenbewegung das Steigen des Ch'i. Aus der Dynamik der gleichzeitigen Ausrichtung nach oben und nach unten ergibt sich die vorher beschriebene belebte Haltung. Der Körper ist nun in Ruhe und Bewegung gleichermaßen ohne Anstrengung angenehm entspannt gehalten und dem Boden verbunden.

Im Sinken und Steigen des Ch'i können wir Komponenten der Erd- und Himmelskraft sehen, auf die sich die chinesische Kosmologie bezieht. Deren Verständnis von Erd- und Himmelskraft beschränkt sich nicht auf bloß physikalische Gesetzmäßigkeiten (Erdkraft etwa gleich Schwerkraft), sondern schließt auch feinstoffliche Wirkungsweisen (Bewegungen des Ch'i) ein. Das Sinken und Steigen des Ch'i ist also im Verständnis von Erd- und Himmelskraft enthalten. Das In-Einklang-Kommen mit den Kräften des Himmels und der Erde gilt als Voraussetzung für das Einswerden mit dem Tao.[1] Für den Menschen ist das Sinken und Steigen des Ch'i maßgebend für viele Entwicklungsprozesse, die zum Einswerden mit dem Tao führen, u. a. die Entwicklung der feinstofflichen Zentren, insbesondere des Unteren Tan T'iens und das Entstehen einer meditativen Geisteshaltung.[2]

Siehe auch das I Ging, Hexagramm 11, *Der Friede:*

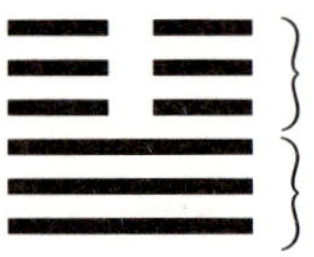

(Die Erde, Kun)

(Der Himmel, Kiën)

»Das Empfangende (die Erde), dessen Bewegung sich nach unten senkt, ist oben; das Schöpferische (der Himmel), dessen Bewegung nach oben steigt, ist unten. Ihre Einflüsse begegnen einander und sind in Harmonie, so daß alle Wesen blühen und gedeihen ... So vereinigen sich ihre Kräfte in inniger Harmonie. Dadurch entsteht Friede und Segen für alle Wesen.«[3]

[1] Gia Fu Feng: »Das Tao ist die Schwerkraft.«

[2] Auch neuere westliche Übungssysteme weisen auf die Wichtigkeit der Verbindung mit dem Boden hin: A. Lowen, *Bioenergetik* – das Grounding; Ida Rolf, *Rolfing* – die Beziehung zwischen der Verbindung mit dem Boden und der Aufrichtung; Gerda Alexander, *Eutonie* – durch bewußte Kontaktaufnahme mit dem Boden kommt man zu einem Spannungsausgleich (ableiten oder aufladen von Energie).

[3] I Ging, Text und Materialien, Richard Wilhelm, Seite 62

V Die Atmung

BRUSTATMUNG – BAUCHATMUNG

Im T'ai Chi Ch'uan sieht man in der Bauchatmung, die auch die natürliche Atmung genannt wird, die dem Menschen angemessene Atemweise. Durch das Üben des T'ai Chi Ch'uan kommt es auf natürliche Weise zu einer Vertiefung der Atmung, d. h., die Bauchatmung tritt an die Stelle der beim erwachsenen Menschen meist üblichen Brustatmung. Die Bauchatmung findet sich noch beim Säugling und Kleinkind. Diese besitzen noch die große Beweglichkeit und Flexibilität des gesamten Körpers, die als Voraussetzungen für die natürliche Atmung angesehen werden.

In den ersten Lebensjahren überwiegt die Bauchatmung, die Brustatmung ist untergeordnet. (Wenn von Bauchatmung oder Brust-

Die Brustatmung

(verhärteter, steifer Körper, wenig bewegliches Zwerchfell)

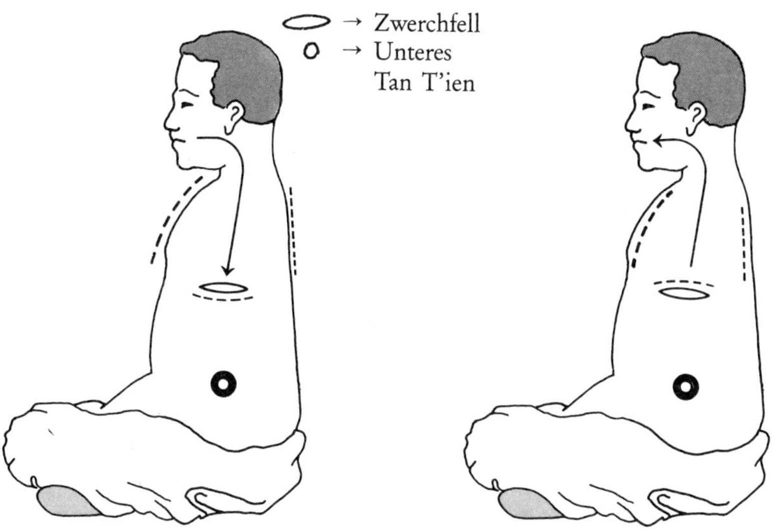

Einatmen: Kein oder geringes Senken des Zwerchfells, großes Weiten des Brustkorbs

Ausatmen: Kein oder geringes Heben des Zwerchfells, Senken des Brustkorbs

atmung die Rede ist, ist im allgemeinen überwiegende Bauchatmung bzw. überwiegende Brustatmung gemeint.) Über den Zeitraum, in dem die Entwicklung zur überwiegenden Brustatmung vor sich geht, gibt es unterschiedliche Auffassungen. In jedem Fall geht der Übergang einher mit einer immer stärkeren Krümmung der Wirbelsäule, sich vermindernder Gelenkigkeit und zunehmender Verhärtung und Verspannung des Körpers ungefähr ab dem 7. Lebensjahr.

Nun könnte man annehmen, daß wegen der offensichtlichen Unterschiede zwischen dem Säugling und dem erwachsenen Menschen die Bauchatmung die dem Säugling und Kleinkind angemessene Atemweise und die Brustatmung die dem erwachsenen Menschen angemessene Atemweise ist. Die Aufgabe der Atmung unterscheidet sich beim Säugling und Kleinkind jedoch nicht von der beim erwachsenen Menschen. Wenn wir zudem das menschliche Wesen als ein sinnvolles Gefüge sehen, in dem jeder Teilbereich so beschaffen ist, daß er angemessen zum Körpergeschehen beiträgt, dann erfüllt nur die Bauchatmung diese Forderung. Dazu einige Beispiele: Bei der Brustatmung, die durch eine geringe Beweglichkeit bzw. Unbeweglichkeit des Zwerchfells gekennzeichnet ist, wird im Gegensatz zur Bauchatmung die Lungenkapazität nicht voll ausgenutzt.[1)] [2)] Das führt zu einer Verunreinigung des Blutes und begünstigt das Entstehen vieler Krankheiten.

Bei der Brustatmung kommt es im Gegensatz zur Bauchatmung zu einer zusätzlichen Belastung des Herzens, da bei ihr kein Druckgefälle entsteht, welches das Hochpumpen des Blutes unterstützt. Das begünstigt Herzkrankheiten, Kreislaufbeschwerden, Venenkrankheiten etc. (siehe auch Kapitel VI, T'ai Chi Ch'uan als gesundheitliche Übung«).

Nach Dr. med. J. L. Schmitt ergibt sich bei der Brustatmung zudem eine luftdruckbedingte Verformung der Bauchwand und des Zwerchfells. Sie werden in den Brustkorb angesogen, so daß Bewegungskomplikationen durch den atmosphärischen Druck entstehen.[3]

---

[1] »... nur dann, wenn zuerst der Bauch vorgetrieben wird und daran sich die obere Atmung anschließt, ist eine möglichst vollständige Ausnutzung und Füllung aller Lungenanteile möglich ...« (Dr. J. L. Schmitt, *Atemheilkunst,* Seite 51, Zitat von Hofbauer)

[2] »Die Einleitung der Atembewegung durch das sich senkende Zwerchfell ist erforderlich mit Rücksicht auf die physiologische Abwicklung der Abwärtswanderung und dreidimensionalen Drehung (Torsion) der Lunge, in deren Gefolge erst eine optimale Situation für die Entfaltung des oberen Lungenabschnittes eintritt ...« (Dr. J. L. Schmitt, *Atemheilkunst,* Seite 50)

[3] Dr. J. L. Schmitt, *Atemheilkunst,* Seite 50, 51

BAUCHATMUNG – CH'I-ATMUNG

»Obwohl der Atem, der durch die Nase aus- und einfließt, nicht der wahre Atem ist, geschieht das Aus- und Einfließen des wahren Atems doch in Verbindung mit ihm«[1]

DAS GEHEIMNIS DER GOLDENEN BLÜTE

Die Bauchatmung schafft beste Voraussetzungen für die Lungenatmung. Die Lungenatmung ist physiologisch betrachtet aber nur ein Teil des Atemvorganges. Sie wird begleitet von einem sehr viel weiter und tiefer gehenden Atmen, das den ganzen Menschen erfaßt und als

Die natürliche Atmung (Bauchatmung)

(beweglicher Körper, bewegliches Zwerchfell)

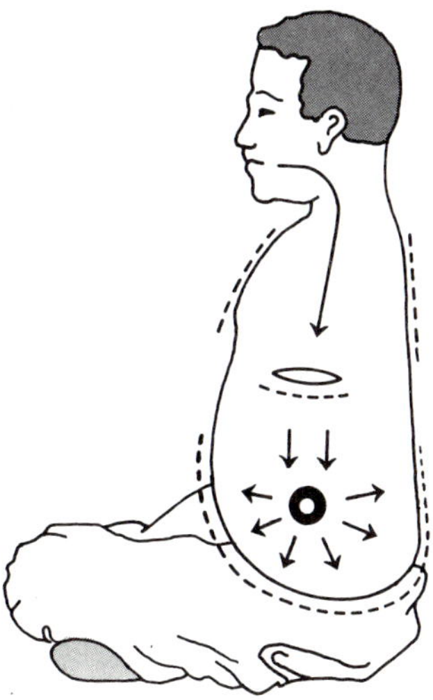

Einatmen: Senken des Zwerchfells, Weiten des Beckenbauchraums (vor allem sichtbar am Heben der Bauchdecke), geringfügiges Weiten des Brustkorbs

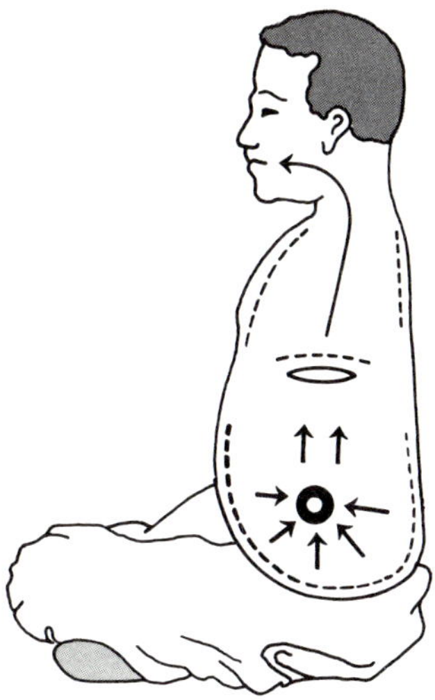

Ausatmen: Heben des Zwerchfells, Zusammenziehen des Beckenbauchraums (vor allem sichtbar am Senken der Bauchdecke), geringes Senken des Brustkorbs

---

[1] Richard Wilhelm, *»The Secret of the Golden Flower, A Chinese Book of Life«*, Seite 43, in eigener Übersetzung

sein »Organ« den ganzen Menschen hat. Dieses Atmen ist ein Atmen im feinstofflichen Wesensbereich des Menschen und hat als Zentrum das Untere Tan T'ien (feinstoffliches Energie- und Atemzentrum unterhalb des Nabels). Im Rhythmus der Lungenatmung wird kosmisches Ch'i (im Sanskrit Prana, japanisch Ki) geatmet. Die Atmung beschränkt sich also nicht nur auf die Lungenatmung und die mit ihr verbundenen Prozesse, sondern beinhaltet gleichzeitig die Ch'i-Atmung.

Je größer die Flexibilität nicht nur des Rumpfbereichs sondern des gesamten Körpers ist, desto besser sind die Bedingungen für die Ch'i-Atmung. Ist bei einer guten Körperhaltung ein bestimmter Grad von Sanftheit und Entspanntheit erreicht, dann zeigt sich der Puls des kosmischen Ch'i auf natürliche Weise in der Bauchatmung oder natürlichen Atmung.

Bei der natürlichen Atmung geschieht die Einleitung des Atemvorganges durch das Zwerchfell.[1] Auf das Senken des Zwerchfells beim Einatmen folgt ein fließendes Weiten des Bauchraums, das sich am stärksten im Heben der Bauchdecke zeigt; dem schließt sich ein Weiten des Brustkorbs an, das jedoch sehr viel geringer ist als bei der Brustatmung. Beim Ausatmen folgt auf das Heben des Zwerchfells ein Senken der Bauchdecke und anschließend ein Senken des Brustkorbs.[2]

Durch diese Atmungsbewegungen (Puls des kosmischen Ch'i) wird im Beckenbauchraum ein blasebalg-ähnlicher Effekt erzielt, der der Pflege und Entwicklung des Ch'i dient, das Untere Tan T'ien und den ganzen feinstofflichen Wesensbereich anregt und stärkt. Bei der Brustatmung, die neben der allgemeinen Verhärtung des Körpers auch eine geringe Beweglichkeit oder Unbeweglichkeit des Zwerchfells kennzeichnet, wird diese Wirkung nicht oder nur in abgeschwächter Form erzielt. Die Leistungsfähigkeit des Meridiansystems (Meridiane sind Energieverlaufsbahnen), das eine Schlüsselstellung

---

[1] »Die graphischen Darstellungen Eckerleins demonstrieren, daß bei den vom Schambein bis zu den Schlüsselbeinen sich erstreckenden aktiven Rumpfwandhebungen des einatmenden Neugeborenen der Bauch die Hebung vor der Brust zeigt. – Jahrelange Bobachtung und Atemheilbehandlung haben uns zu der Überzeugung geführt, daß eben diese Kenntnis des richtigen Atembewegungsbeginns tatsächlich ein Kernstück des Erlebens einer guten und richtigen d. h. normalen Atmung ist, und daß von diesem die freie Beweglichkeit und das Wechselspiel der übrigen Atemkräfte weitestgehend abhängig ist.« (Dr. J. L. Schmitt, *Atemheilkunst,* Seite 51)

[2] Der Atemvorgang geschieht also nicht, wie man annehmen sollte, in der Folge: Einströmen der Luft durch die Nase, Füllen und Weiten der Lungen, Senken des Zwerchfells, Weiten des Bauchraums.

für die körperliche und geistig-seelische Gesundheit innehat, kann durch mangelhafte Ch'i-Atmung sehr gemindert werden. Außerdem kann so die Sensibilität und das geistig-seelische Befinden beeinträchtigt werden, da die Funktionsfähigkeit der feinstofflichen Zentren (Geistorgane, Sinnesorgane der Seele) eingeschränkt ist.

Die mit der Brustatmung verbundene Wahrnehmung beschränkt sich vorwiegend auf ihren funktionellen Ablauf. Sie führt nicht zu einer sie begleitenden tieferen Empfindung. Die natürliche Atmung wird hingegen zu einer zunehmend positiven Erfahrung. Das Einströmen des Atems wird als ein alles durchdringendes Empfinden des Wohlseins, das harmonisierend und stabilisierend wirkt, erfahren. Die Wahrnehmung des einströmenden Ch'i-Atems ist für jeden Übenden möglich. Sie ist erstes Anzeichen einer zunehmenden Verfeinerung und »Durchlässigkeit« des Übenden.

Die Vertiefung der Atmung trägt wesentlich dazu bei, Entwicklungen im feinstofflichen Wesensbereich hervorzubringen, die spirituelle Erfahrungen vorbereiten. Die traditionellen östlichen Meditationswege führen deshalb grundsätzlich zur tiefen Atmung zurück.

Die Bedeutung der Atmung (Ch'i-Atmung) für die Meditation entnehme der Leser bitte auch dem folgenden Zitat: »Die bewußte Beobachtung der Ein- und Ausatmung bringt, wie der Buddha in der 118. Rede des Majjhima-Nikâya sagt, erst die vierfache Vergegenwärtigung der Achtsamkeit (sati-patthâna), dann die sieben Faktoren der Erleuchtung und endlich das vollkommene Wissen und die völlige Befreiung zur Reife.«[1]

Durch den spezifischen Bewegungsstil des T'ai Chi Ch'uan, die sanfte, entspannte Bewegung in der empfohlenen Haltung, werden die natürlichen Bedingungen für den Atem wiederhergestellt. Das ist das Fundament für die Atemarbeit beim T'ai Chi Ch'uan. Es ist wichtiger als alle weiteren auf ihm aufbauenden Atemmethoden. Dr. med. J. L. Schmitt folgt in der von ihm entwickelten Atemmassage letztlich dem gleichen Prinzip: durch Massieren (flexibel machen) aller am richtigen Atemvorgang beteiligten Körperteile bringt er reflektorisch den tiefen Atem hervor. Desgleichen werden beim indischen Hatha-Yoga die Flexibilität und Beweglichkeit des gesamten Körpers wiederhergestellt und so optimale Bedingungen für den Atem geschaffen. Bei Meditationen, die im Sitzen geübt werden, kommt es über den Weg der Ausrichtung an der traditionellen Meditationshaltung (gerader Rumpf) und dem Entspannen und Loslassen in dieser Haltung ebenso zur Vertiefung der Atmung.

---

[1] Lama Govinda, *Grundlagen tibetischer Mystik*, Seite 173

DIE ATEMWEISE BEIM T'AI CHI CH'UAN

Beim T'ai Chi Ch'uan geschieht die Atmung in Einklang mit der Bewegung. Da sich die Atmung in natürlicher Weise auf die Bewegung einstellt (langsames Gehen – langsames Atmen; schnelles Gehen – schnelles Atmen), ist der Atemrhythmus durch die Geschwindigkeit vorgegeben. Er wird zudem bestimmt durch die kontinuierliche Gewichtsverlagerung (vor und zurück) in den wenigen sich wiederholenden Grundschritten, die meist mit einer Rumpfdrehung verbunden sind.

Aus- und Einatmen folgen langsam und stetig aufeinander. Die Aus- und Einatemphasen haben jedoch nicht immer die gleiche Länge. Entsprechend der Länge der einzelnen Bewegungen wird manchmal etwas kürzer bzw. länger aus- oder eingeatmet. Trotzdem bleibt der Atem stetig und langsam, es gibt kein schnelles unregelmäßiges Atmen.

Bei den Meditationsübungen des Hinduismus, Buddhismus und Taoismus ist das natürliche Zulassen bzw. Geschehenlassen des Atems die grundlegende Atemweise. Da der Atem ein Hauptträger des Ch'i ist, werden im indischen Yoga (Pranayama, Kundalini Yoga) und im taoistischen Yoga, weniger bei den buddhistischen Meditationsübungen, auch Atemtechniken angewandt, um eine schnellere und intensivere Ansammlung des Ch'i zu bewirken. Der Atem wird durch stoßweises, oft forciertes Aus- oder Einatmen, sehr langsames oder sehr kurzes Aus- oder Einatmen oder langes Anhalten beeinflußt, um entsprechende Wirkungen im Feinstofflichen hervorzubringen. In den buddhistischen Meditationsübungen beschränkt man sich meist auf das Geschehenlassen bzw. natürliche Zulassen des Atems oder benutzt als einfache Technik das Beobachten oder Zählen des Atems (Zen-Buddhismus).[1] Bei fortgeschrittener Übung kommt es beim Geschehenlassen des Atems zu einer Verlangsamung der Atmung (3–4 mal in der Minute).

Das Atmen beim T'ai Chi Ch'uan ist dem Geschehenlassen des Atems sehr nahe. Da Anfänger und Meister T'ai Chi Ch'uan jedoch in der gleichen Geschwindigkeit üben, kommt es hier nicht zu der natürlichen Verlangsamung der Atmung bei der Übung; d. h., der Atem wird durch die Bewegung von voll zu leer in der dem T'ai Chi Ch'uan eigenen Geschwindigkeit beeinflußt und gelenkt. In dieser Beeinflussung des Atems ist die grundlegende Atemtechnik oder Atemmetho-

[1] Alle genannten Atemweisen sind bei andauerndem Üben gleichermaßen wirkungsvoll. Die mehr natürlichen Atemmethoden ersparen allerdings Problematiken, die beim verfrühten Üben der anderen Atemtechniken auftreten können.

de des T'ai Chi Ch'uan zu sehen. Der von der Bewegung geleitete Atemrhythmus verstärkt den blasebalg-ähnlichen Effekt der Bauchatmung und intensiviert so die Pflege und Entwicklung des Ch'i.

Zunehmendes Loslassen (Entspannen), zunehmende Sanftheit und Weichheit, also größere »Öffnung« und »Durchlässigkeit« des Übenden vertiefen die Wirkung der T'ai Chi Ch'uan-Atemweise. Die Atmung (Ch'i-Atmung) wird intensiver und umfassender. So kann mehr Ch'i pulsiert (geatmet) und folglich angesammelt werden.

Die Atemmethode des T'ai Chi Ch'uan hat vielfältige Auswirkungen. Im täglichen Leben werden wir einen sehr ruhigen, tiefen Atem haben. Üben wir uns in einer Meditation im Sitzen, werden wir zu einem sehr langsamen tiefen Atem kommen; in Atemtechniken anderer Übungssysteme können bessere Resultate schneller erzielt werden.

Die Atemmethode des T'ai Chi Ch'uan führt in höchsten Stadien auf natürliche Weise zu der sogenannten Öffnung der feinstofflichen Zentren, zu einem kraftvollen Aufschießen der feinstofflichen Energie im Bereich der Wirbelsäule (im indischen Yoga als das Steigen der Kundalini bekannt) und zur Öffnung der Himmlischen Kreisläufe (siehe im folgenden), bei denen jegliche sichtbare Atembewegung (Lungen- und Bauchatmung) zeitweilig zum Stillstand kommen kann.

Auf die allgemeine Bedeutsamkeit des Atemrhythmus verweisen auch die folgenden Zitate:

»Der nächste Schritt ist die Beruhigung sämtlicher Körperfunktionen durch den bewußten Rhythmus des Atems. Aus diesem Zustand völligen geist-körperlichen Gleichgewichts und der daraus resultierenden inneren Harmonie erwächst jene innere Heiterkeit und Beseligung, die – ebenso wie die Quelle in einem Bergsee das ganze Wasser mit erfrischender Kühle durchdringt — den ganzen Körper mit Glücksgefühl erfüllt.«

Lama Govinda, *Grundlagen Tibetischer Mystik*, Seite 174

»Nun werden wir sehen, wozu die Atemübungen gut sind. Zu allererst erhalten alle Moleküle im Körper durch rhythmisches Atmen die Tendenz sich in gleicher Richtung zu bewegen. Wenn Geist sich in Willen umsetzt, geraten die Ströme in eine der Elektrizität ähnliche Bewegung. ... Bei vollkommener Rhythmisierung aller Bewegungen des Körpers bildet dieser gleichsam eine riesige Batterie von Willenskraft. Gerade diesen ungeheuren Willen braucht der yogin. Darum gebe ich diese physiologische Erklärung der Atemgymnastik. Sie will im Körper eine rhythmische Bewegung erzeugen, und uns die Möglichkeit geben, durch das Atemzentrum die übrigen Zentren zu beherrschen.«

Swami Vivekananda, *Raja-Yoga*, Seite 55

»Man halte das Augenlicht an, kristallisiere die Lautkraft des Ohrs und verringere die Geschmackkraft der Zunge, d. h. die Zunge soll sich oben an den Gaumen anlegen; man rhythmisiere den Atem der Nase und fixiere die Gedanken auf die dunkle Pforte. Wenn man nicht erst den Atem rhythmisiert, so ist zu befürchten, das es durch Stockungen Atembeschwerden gibt ... Dann beginnt man die Gedanken zu sammeln, das Ohr rhythmisiert den Atem, Leib und Herz sind bequem und harmonisch ... Wenn man so das Innere betrachtet, so werden die Wunder des Öffnens und Schließens der Pforte des Himmels unerschöpflich. Aber ohne Rhythmisierung des Atems kann man die tieferen Geheimnisse nicht bewirken.«

»Das Geheimnis der Goldenen Blüte, ein chinesisches Lebensbuch«, Seite 91

DIE ATMUNG IN EINKLANG MIT DER BEWEGUNG

1. Einatmen beim Heben der Arme – Ausatmen beim Senken der Arme
   Einatmen beim Zurückweichen – Ausatmen beim Vorwärtsgehen.
   Erfolgt keine bewußte Koordination der Atmung bei Beginn der Einzelübung, so stellt sich der Atem in der beschriebenen Weise auf die Bewegung ein.
   Bei entspannt geschlossenem Mund wird durch die Nase geatmet. Der Atem sollte fein und nicht hörbar sein.
2. Für die Anwendung und Übung verschiedener Selbstverteidigungstechniken (z. B. beim Anwenden der Haftenden Energie, siehe S.   ) wird die Atmung auf umgekehrte Weise mit der Bewegung koordiniert.

DIE KORREKTE ATMUNG

Wenn die Atmung sich auf natürliche Weise vertieft hat, kann neben der Bauchatmung auch die sogenannte korrekte Atmung geübt werden. Die korrekte Atmung ist keine natürliche Atemweise. Nach einiger Zeit des Übens stellt sich der Körper jedoch so auf diese Atmung ein, daß sie als ganz natürlich empfunden wird und auch ohne geistige Lenkung während des Übens und im täglichen Leben beibehalten wird.
Die Vorzüge der korrekten Atmung liegen in einer verstärkten Ch'i-Atmung. Bei der korrekten Atmung wird das Einströmen des Ch'i von allen Seiten empfunden. Die korrekte Atmung wird bei vielen taoistischen Meditationen angewandt.

Die Korrekte Atmung

(beweglicher Körper, bewegliches Zwerchfell)

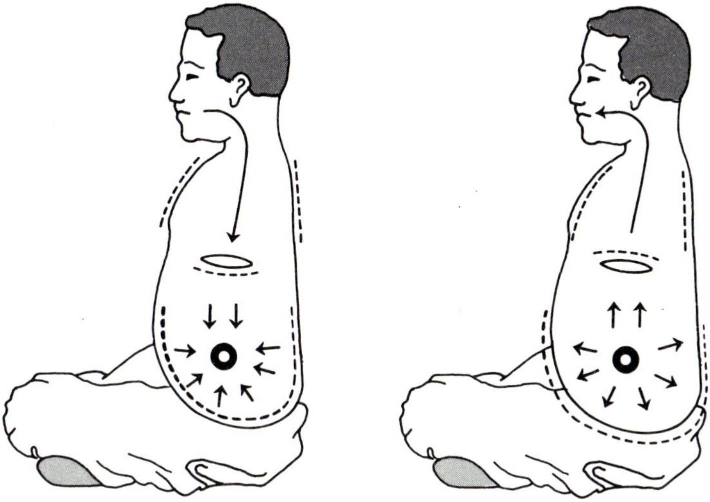

Einatmen: Senken des Zwerchfells, Einziehen der Bauchdecke ausgehend vom Unterbauch, Einziehen der Aftermuskeln, geringes Weiten des Brustkorbs

Ausatmen: Heben des Zwerchfells, Loslassen (Entspannen) des Bauches, Loslassen (Entspannen) der Aftermuskeln, geringes Senken des Brustkorbs

Diese Atemmethode wird im taoistischen Yoga auch mit einem »Teigkneten« umschrieben.

VI T'ai Chi Ch'uan als gesundheitliche Übung

In der traditionellen chinesischen Medizin wird der Körper mit all seinen Bereichen und Funktionen als ein einheitliches Ganzes gesehen. In diesem Gefüge wird jeder Teilbereich nicht isoliert für sich, sondern im Funktionszusammenhang des gesamten Körpergeschehens betrachtet. In einer Erkrankung sieht man kein begrenztes Geschehen, sondern einen Ausdruck der Disharmonie des gesamten Körpergeschehens, das viele Ursachen haben kann. Die Behandlung von Krankheiten ist deshalb primär daran ausgerichtet, die Harmonie des Körpergeschehens wiederherzustellen.

T'ai Chi Ch'uan entspricht in seinen Übungen dieser Auffassung. Es gibt uns, auch im Krankheitsfall, keine einzelnen Übungen etwa zur Stärkung eines Organs oder zur Kräftigung eines Körperteils, sondern spricht den Körper immer als Ganzes an.

T'ai Chi Ch'uan ist als Übungssystem an einem, in den Möglichkeiten des Menschen angelegten, Gesundheitsideal ausgerichtet. Die umfassende gesundheitliche Wirkung des T'ai Chi Ch'uan wird durch die Übung des Gesamtablaufs der Einzelübung, Kurzform oder Lange Form, erzielt.

In der Einzelübung ist die Bewegung aller Muskeln, Sehnen, Bänder, Gelenke und Knochen enthalten. Sie werden ihrer Lage bzw. ihrem anatomischen Bau und den sich daraus ergebenden Bewegungsspielräumen entsprechend sanft bewegt und erhalten auf diese Weise ihre natürliche Beweglichkeit und Geschmeidigkeit zurück.

Die Wiederherstellung der Geschmeidigkeit von Muskeln und Sehnen verbessert das Reaktionsvermögen, unterstützt die Organfunktionen und wirkt sich günstig auf die Funktionsfähigkeit des Nervensystems (es bedient sich zum großen Teil der Muskelzellen) aus.

Die langsamen kreisförmigen Bewegungen von Händen, Armen, Füßen und Beinen erhalten die Beweglichkeit und nützen den Gelenken durch die Regeneration von Knorpel und Gelenksflüssigkeit. Das erklärt die Heilerfolge des T'ai Chi Ch'uan bei den verschiedenen Arten der Artrose. Die Stärkung der Füße und Beine durch die langsamen Gewichtsverlagerungen, hilft das Gleichgewicht zu stabilisieren. Die Kräftigung der Füße und Beine unterstützt die aufrechte Haltung.[1]

---

[1] Julius Parow, Dr. med., *Funktionelle Atmungstherapie*, Seite 89: »Die Haltung des Beckens wiederum ist Sache der Beinmuskeln, deren Zustand heutzutage sehr oft zu wünschen übrig läßt. Versagt dieser Halt, wird stets die ganze Wirbelsäule in Mitleidenschaft gezogen.«

Bei einer geraden Haltung der Wirbelsäule, wie sie in der Übung des T'ai Chi Ch'uan angestrebt wird, werden die aus den Wirbelbögen austretenden Nervenbahnen nicht eingeengt bzw. gequetscht. So kann das Nervensystem besser arbeiten und manche Arten von Kopfschmerzen und Migräne können vermieden werden.

Eine gute Haltung verhindert Bandscheibenschäden und Rückenschmerzen verschiedenster Art.

Die Wiederherstellung der natürlichen Atmung oder Bauchatmung durch die Übung des T'ai Chi Ch'uan hat viele Vorzüge.

Sie kräftigt die inneren Organe durch ihre massageähnliche Wirkung. Verbunden mit den sanften fortwährenden Rumpfdrehungen unterstützt sie die Verdauung. Durch das bei der natürlichen Atmung entstehende Druckgefälle im Bauchraum wird das Hochpumpen des Blutes unterstützt; so wird das Herz entlastet.

Die natürliche Atmung stabilisiert, verbunden mit der Geschmeidigkeit von Muskeln und Sehnen, den Kreislauf und wirkt ausgleichend auf den Blutdruck. Auch Venenkrankheiten kann so vorgebeugt werden.

T'ai Chi Ch'uan wird in China auch »Übung zur Verjüngung« genannt. Durch seine umfassenden positiven Auswirkungen auf die Gesundheit, trägt die Übung des T'ai Chi Ch'uan dazu bei, das Altern zu verlangsamen und einer Vergreisung entgegenzuwirken.

T'ai Chi Ch'uan ist in seinen Wirkungen nicht auf die bisher erwähnten Leiden und allgemeinen Zivilisationsschäden beschränkt, sondern kann bei vielen Krankheiten vorbeugen und helfen.

Die Schaffung optimaler Bedingungen für das Körpergeschehen durch die Übung des T'ai Chi Ch'uan stärkt insbesondere die Abwehrkräfte und unterstützt die Regeneration des Körpers. Als ganzheitliche Übung wirkt T'ai Chi Ch'uan ausgleichend. So kann z. B. durch die gleiche Übung zu hoher Blutdruck gesenkt und zu niedriger Blutdruck angehoben werden. Allerdings sollte man keine schnellen Ergebnisse erwarten. Wie bei allen natürlichen Methoden wird eine Heilung Zeit in Anspruch nehmen.

Werden, wie es durch das Üben des T'ai Chi Ch'uan geschieht, optimale Bedingungen im physischen Bereich geschaffen, ergeben sich auch beste Voraussetzungen für das Geschehen im feinstofflichen Wesensbereich. Unter anderem wird auch das Meridiansystem, das eine Schlüsselstellung für die Gesundheit innehat, durch die Übung unterstützt und angeregt.

Die durch das Üben hervorgerufene Ansammlung des Ch'i und die damit verbundenen Prozesse (Öffnung der Himmlischen Kreisläufe, Entwicklung der feinstofflichen Zentren usw.) leiten auf der Basis einer guten körperlichen Gesundheit eine umfassende Harmonisierung des Menschen in die Wege.

T'AI CHI CH'UAN AUS MEDIZINISCHER SICHT VON PROFESSOR QU MIANYU

Zur Erhaltung der Gesundheit, um Krankheiten vorzubeugen und zu heilen, wurde T'ai Chi Ch'uan seit dem 16. Jahrhundert vielfach praktiziert. Seine Popularität ist mit der erfolgten Einführung einer vereinfachten Reihe von Übungen weiter gestiegen. T'ai Chi Ch'uan ist in Krankenhäusern und Sanatorien oft ein wichtiger Teil der Therapie. Es hat seine Wirksamkeit in der Behandlung chronischer Krankheiten wie hoher Blutdruck, Neurasthenie und Lungentuberkulose erwiesen.

Die entspannte Bewegung in Ruhe und Aufmerksamkeit hilft nervöse und seelische Krankheiten zu heilen.

Die Resultate von kürzlich ausgeführten Tests und die Untersuchungen von Übenden des T'ai Chi Ch'uan sind von besonderem Interesse (für Mediziner und Sportler). In dem Projekt wurden gesunde Personen im Alter von 50—89 Jahren in zwei Gruppen unterteilt. Sie wurden einer Reihe von Tests unterzogen. Die Gruppe A bestand aus Personen, die regelmäßig T'ai Chi Ch'uan praktizierten.[1] Die Gruppe B setzte sich aus Personen zusammen, die kein T'ai Chi Ch'uan übten.

Die Personen aus der Gruppe A hatten im allgemeinen eine bessere körperliche Kondition. Diese ergab sich aus leistungsfähigerem Herzen, besserer Atmung, besserem Knochenbau und Stoffwechsel.

Spezifische Feststellungen: Zur Prüfung der Herzleistung unterwarfen sich die beiden Gruppen einem Funktionstext, der darin bestand, auf eine 40 cm hohe Bank 15 mal in einer Minute hinauf und hinab zu steigen.

Alle bis auf eine Person in der Gruppe A ertrugen diese Arbeitsbelastung mit normalen Reaktionen des Blutdrucks und Pulses. In der Gruppe B ging jedoch die Fähigkeit, diese Belastung zu ertragen, zurück, und mit dem Alter der Textpersonen nahmen abnorme Reaktionen zu.

Der Unterschied zwischen den Gruppen war auch offenbar bei den Elektrokardiogrammen. Regelmäßige Übung des T'ai Chi Ch'uan führt zu einer verstärkten Blutversorgung der Koronararterien, zu kräftigeren Herzkontraktionen und verbesserten hämodynamischen Prozessen. Außerdem verbessert T'ai Chi Ch'uan die Funktion des Zentralen Nervensystems, fördert die Zusammenarbeit der verschiedenen Organe im menschlichen Körper, stärkt die Spannung der Va-

[1] Leider gibt es keine Angaben darüber, wieviele Jahre die Teilnehmer dieser Gruppe bereits T'ai Chi Ch'uan geübt hatten und welche Stil-Richtung praktiziert wurde.

gusnerven, stellt eine angemessene Versorgung der Gewebe der verschiedenen Organe mit Blut und Sauerstoff sicher und erleichtert den Stoffwechsel. All dies trägt zu einem geringeren Auftreten von Hypertension (Blutdrucksteigerung) und Arterioskleriose bei.

Die T'ai-Chi-Ch'uan-Übungen stärken Knochen, Muskeln und Sehnen. Z. B. das Rückgrat: Da die Bewegungen des T'ai Chi Ch'uan vom Becken ausgehen und die Bewegung des Kreuzes einbeziehen, kann systematische Übung für die Verfassung der Lendenwirbelsäule und in der Tat für die Wirbelsäule als Ganzes förderlich sein. Nur 25 Prozent der Testpersonen der Gruppe A litten unter Deformationen der Wirbelsäule während der Porzentsatz der Gruppe B fast doppelt so hoch war. Das Rückgrat war bei den Personen aus der Gruppe A flexibler als bei denen der Gruppe B. 77 % der Gruppe A konnten ihre Zehen berühren, gegenüber nur 16 % der Gruppe B.

Röntgenuntersuchungen zeigten, daß der Anteil von seniler Osteoporose für die Gruppe A 36 % und für die Gruppe B 64 % betrug. Senile Osteoporose, die oft zur Deformation und Unbiegsamkeit der Gelenke führt, ist ein degeneratives Leiden, das auch verursacht worden sein kann durch verringerte Blutversorgung der Knochen infolge von Arteriosklerose und geringerer Absorption von Calcium und Kalium aus der Nahrung, herrührend von dem Mangel an Salzsäure in den Magensäften. Da T'ai Chi Ch'uan solchen Krankheiten vorbeugen oder sie mindern kann, ist seine Rolle in der Verzögerung des Altersprozesses beachtenswert.

Der Cholesterinspiegel wurde bei regelmäßiger Übung des T'ai Chi Ch'uan wesentlich gesenkt. Untersuchungen an älteren Menschen, welche unter Arteriosklerose litten, ergaben, daß nach einem 6-monatigen Training von T'ai Chi Ch'uan eine Zunahme von Eiweißstoffen und eine merkliche Abnahme von Globulin und Cholesterin in ihrem Blut festzustellen war, und daß die Symptome der Arteriosklerose sich sehr vermindert hatten.

Folgerung:

Diese Feststellungen, obgleich vorläufig und oberflächlich, legen nahe, daß ein reguläres Programm von T'ai-Chi-Ch'uan-Übungen das Wohlbefinden des einzelnen begünstigen kann.

Aufsatz von Professor Qu Mianyu aus *Simplified Taijiquan*, China Sports Series 1, Peking (gekürzt – in eigener Übersetzung)

VII Der feinstoffliche Wesensbereich

Vieles im T'ai Chi Ch'uan läßt sich nur über den feinstofflichen Wesensbereich des Menschen erklären. Um T'ai Chi Ch'uan als Übungssystem besser zu verstehen, soll im folgenden zuerst eine kurze Charakterisierung des feinstofflichen Wesensbereichs erfolgen. Dann werden einige seiner wichtigen Erscheinungen, das Ch'i, die feinstofflichen Zentren und das Meridiansystem beschrieben. Anschließend erfolgt eine Darstellung der auf sie bezogenen für T'ai Chi Ch'uan wichtigen taoistischen Meditationspraktiken: die Öffnung der Himmlischen Kreisläufe und das auf die drei Tan T'iens (feinstoffliche Zentren) bezogene steigende Yang-Ch'i. Um ein breiteres Verständnis zu ermöglichen, soll in diesem Zusammenhang auch die indische Tradition angesprochen werden.

Jedes Wesen in der belebten Natur hat neben seiner physischen Erscheinung einen es durchdringenden und umgebenden feinstofflichen Wesensbereich. Durch die Bezeichnung fein-stofflich wird ausgedrückt, daß dieser Wesensbereich wirklich und erfahrbar ist. Nur seine besondere Feinheit entzieht ihn unserer üblichen, auf materielle Dinge ausgerichteten Wahrnehmung. Im feinstofflichen Wesensbereich wird das Bindeglied zwischen Körperlichem und Geistig-Seelischem gesehen. Seine Komponenten erfüllen wie die des physischen Körpers lebensnotwendige Aufgaben.

Indische und taoistische Tradition geben eine ausführliche Beschreibung von Vorgängen und Entwicklungsprozessen im feinstofflichen Wesensbereich, die mit der Anwendung vielfältiger Meditationspraktiken in Zusammenhang stehen (vergleiche z. B. Avalon »The Serpent Power« und Lu K'uan Yü »Taoist Yoga, Alchemy and Immortality«).

Jedoch sind in der taoistischen Überlieferung einzelne Erscheinungen des feinstofflichen Wesensbereichs, wie z. B. die Aura, das den Menschen umgebende, sich aus der Gesamtheit aller feinstofflichen Phänomene ergebende Energiefeld und die sogenannten feinstofflichen Körper nicht so systematisch wie in der indischen Tradition dargestellt. Auch stehen die Einzelphänomene des feinstofflichen Wesensbereichs in der taoistischen Tradition weniger im Vordergrund und sind generell schlichter beschrieben als in der begrifflich aufwendigeren indischen Überlieferung.

Beide Traditionen beziehen sich auf kosmische Energie, feinstoffliche Zentren und Energieverlaufsbahnen. Sie stimmen darin überein, daß die meditative Praxis bei der Entwicklung des Ch'i (Atem), den feinstofflichen Zentren und Einwirkungen auf die Energieverlaufsbahnen anzusetzen hat.

CH'I

Ch'i ist die große, überall vorhandene, alles durchdringende und erhaltende kosmische Energie. Alles in der belebten Natur ist in seiner Existenz und Funktion abhängig von dieser Kraft (siehe Ko Hung: »Der Mensch ist im Ch'i, das Ch'i ist im Menschen. Vom großen Kosmos bis zu jedem einzelnen Ding kann nichts ohne es existieren.«)[1]

Alle feinstofflichen Phänomene sind dem Ch'i verbunden und eigentlich Aspekte oder Variationen dieser Kraft.[2] So stehen auch alle »individuellen« feinstofflichen Wesensbereiche miteinander in Verbindung und bilden dadurch zugleich eine Einheit.

Ch'i manifestiert sich einerseits Gesetzmäßigkeiten folgend, andererseits geht es über sie hinaus, d. h. Ch'i kann steigen, sinken oder zirkulieren, es kann nach der chinesischen Philosophie des Yin und Yang zwischen zwei Polen in Bewegung sein und ist dabei gleichzeitig ohne raum-zeitliche Begrenzung überall vorhanden.[3]

GEIST UND CH'I

Ein chinesisches Wort sagt: »Wo Geist (Bewußtsein) ist, da ist auch Ch'i«. Im T'ai Chi Ch'uan heißt es: »Der Geist lenkt, das Ch'i folgt.« Hier wird auf eine Gesetzmäßigkeit hingewiesen, auf Grund derer wichtige Entwicklungen im feinstofflichen Wesensbereich möglich sind. Die geistige Konzentration auf ein feinstoffliches Zentrum führt bei andauernder Übung zu einer Ansammlung von Ch'i, die der Entwicklung dieses Zentrums gleichbedeutend ist. Die entlang der Energieverlaufsbahnen geistig geleitete Bewegung des Ch'i trägt zur Öffnung der Himmlischen Kreisläufe bei und leitet die mit dieser Öffnung verbundenen spirituellen Entwicklungen und Erfahrungen ein.

---

[1] John Blofeld, *Taoism, The Road to Immortality*, Seite 146

[2] Im tibetisch-buddhistischen Yoga wird z. B. der ätherische oder pranische Körper als die den »Körper durchdringende atemgenährte aus dem Prana gebildete feinstoffliche Hülle (Prâna-maya-kosa)« bezeichnet. (Lama Govinda, *Grundlagen tibetischer Mystik*, Seite 170)

[3] Wenn Ch'i, wie es oft geschieht, als elektromagnetische Kraft definiert wird, ist damit nur einer seiner Aspekte erfaßt.

Die Bewegung des Ch'i durch den Geist ist nicht auf unseren individuellen Wesensbereich beschränkt und nicht raum-zeitlich gebunden. So erklären sich unter anderem Telepathie und Geistheilung über Entfernung.

DIE FEINSTOFFLICHEN ZENTREN IN DER INDISCHEN TRADITION

In den feinstofflichen Zentren, auch Geistorgane genannt, werden wichtige Verbindungen zum Geistig-Seelischen gesehen. Die bekanntesten Zentren der indischen Überlieferung sind die 7 Hauptzentren:[1]

Muladhara Chakra (Wurzelzentrum, am Ende der Wirbelsäule)
Svadhistana Chakra (Unterleibszentrum)
Manipura Chakra (Nabelzentrum)
Anahata Chakra (Herzzentrum)
Visuddha Chakra (Halszentrum)
Ajna Chakra (Stirnzentrum)
Sahasrara Padma (Scheitelzentrum)

Ihre Bezeichnung »Chakra« (Rad) kommt von der ihnen zugeschriebenen Drehung her. Die einzelnen Zentren sind in der indischen Tradition in vielfältigste Bezüge gebracht. Sie werden mit besonderen spirituellen Entwicklungen und Erfahrungen, verschiedenen Bewußtseinsebenen, Energiemanifestationen, teils auch feinstofflichen Körpern, Organfunktionen (z. B. Drüsensystemen), bestimmten Lauten, Farben, Sinnen und menschlichen Eigenschaften assoziiert.

Die Entwicklung bzw. Öffnung oder Erweckung der Zentren ist wichtiges Ziel der indischen meditativen Praktiken. Sie ist mit Erleuchtungserfahrungen und dem Erlangen übersinnlicher Wahrnehmung verbunden. Für die Öffnung der Zentren gibt es verschiedene Ansätze. Meist wird die Konzentration auf ein bestimmtes Zentrum geübt: In den Upanishaden wird »vorwiegend vom Herz-Chakra und der mystischen Versenkung darin mit Hilfe der heiligen Silbe OM gesprochen.«[2]

---

[1] Die westliche Yoga-Literatur und die in vielem auf die indische Tradition fußende Theosophie und Anthroposophie beziehen sich meist auf die sieben Hauptzentren und, wenn überhaupt, dann nur auf eine Energiewirkungsweise, das Steigen der Kundalini. In der wesentlich komplexeren indischen Tradition sind jedoch sehr viel mehr feinstoffliche Zentren sowie viele Energiewirkungsweisen bekannt (siehe Avalon, *The Serpent Power*).

[2] Isbert, *Yoga – Arbeit am Selbst*, Seite 74

Auch Sri Ramana Maharshi hielt seine Schüler zur Konzentration auf das Herzzentrum an. Der altindische Weg geht allgemein vom Wurzelzentrum aus. Die Entwicklung des Nabelzentrums hat für andere spirituelle Lehrer zentrale Bedeutung. Zur Unterstützung dieser Praktiken wird auch der Hatha-Yoga hinzugezogen, dem aus der Sicht des T'ai Chi Ch'uan große Bedeutung beizumessen ist.

Die vollkommene Erweckung aller Zentren wird jedoch erst durch das Steigen der Kundalini bewirkt. Die Kundalini wird als eigene Energie oder als Manifestation des Prana gesehen. Von ihr heißt es, daß sie aufgerollt im Wurzelzentrum ruht. Ihre Weckung und damit ihr kraftvolles Aufschießen vom Wurzel- zum Scheitelzentrum wird als Hauptziel des Yogis bezeichnet.[1] Das Steigen der Kundalini in einem Susumna genannten Kanal in der Mitte der Wirbelsäule (auch »Königliche Straße« genannt)[2] ist anfangs meist schwach und hat noch nicht die Stärke, zum höchsten Zentrum vorzustoßen. Für die Weckung der Kundalini gibt es verschiedene Praktiken. Ihre wichtigsten sind die Konzentration auf das Wurzelzentrum und Atemübungen (Pranayama), die in vielem auf zwei, an der Wirbelsäule verlaufende, feinstoffliche Bahnen – Piṅgala und Idā – bezogen sind. Zur Weckung der Kundalini kommt es nach langjähriger intensiver meditativer Praxis jedoch auch, wenn die Konzentration auf ein höheres Zentrum als das Wurzelzentrum geübt wird, oder man nur auf ein Wort oder Vorstellungsbild meditiert. Bei andauernder Übung kommt es zu einem umfassenden Sinken der Energie zum Wurzelzentrum. Aus der Sammlung der Energie in diesem Zentrum resultiert die Weckung der Kundalini gleichsam auf natürliche Weise. Diese Gesetzmäßigkeit bestätigt sich auch im taoistischen System (siehe S. 71, »Die Öffnung der Himmlischen Kreisläufe«).

Für die Erweckung der Zentren gibt es also einen Hauptweg, dessen Richtung vorgegeben ist. In fortgeschrittenen Stadien bleibt das Steigen der Kundalini nicht auf den schmalen Kanal in der Wirbelsäule beschränkt, sondern wird zunehmend umfassender. Die Kraft der Kundalini ist dann so stark, daß der ganze feinstoffliche Wesensbereich von ihr durchdrungen wird. Unterschiede in der physischen Lokalisierung der Zentren verlieren aus dieser Sicht ihre Bedeutung.[3]

---

[1] Vivekananda, *Raja-Yoga,* Seite 66

[2] Avalon, *The Serpent Power,* Seite 213

[3] Die Lokalisierung der sieben Hauptzentren ist in der indischen Tradition nicht einheitlich. Die sieben Zentren werden als übereinanderliegend an der Wirbelsäule beschrieben. In anderen Darstellungen werden das Stirn-, Hals-, Herz-, Nabel- und Unterleibszentrum mehr an der Vorderseite des Körpers liegend gesehen.

DIE FEINSTOFFLICHEN ZENTREN IN DER TAOISTISCHEN TRADITION

Das taoistische Denken bezieht sich generell auf den Menschen in seiner Ganzheit. Eine Unterscheidung von Körperlichem und Feinstofflichem, wie sie dem indischen und unserem Denken vertraut ist, wird in vergleichbarer Weise nicht vorgenommen. So werden die Erscheinungen des feinstofflichen Wesensbereichs wie auch die Zentren mehr als funktionale Attribute des »ganzen Menschen« gesehen. Als Voraussetzung für den »ganzen Menschen«, der in Einklang mit dem Tao lebt und das Einswerden mit dem Tao (Erleuchtung) erfährt, gilt der bestmögliche Zustand aller Wesensbereiche des Menschen. Entsprechend wird die Entwicklung einzelner Teilbereiche wie der Zentren, weniger für sich, sondern bezogen auf die Gesamtfunktion des Ganzen betrachtet.

In der Sicht der feinstofflichen Zentren finden sich in der indischen und taoistischen Tradition viele Übereinstimmungen. Die Taoisten schenken dem funktionalen, praktischen Aspekt der Zentren (z. B. der in ihnen stattfindenden Verfeinerung des Ch'i) jedoch besondere Aufmerksamkeit.

In der taoistischen Tradition bezieht man sich auf etwa 12 Hauptzentren, genannt Häuser, Hallen, Tore (Pforten) oder Felder (Plätze). Die bekanntesten Zentren sind das Untere , Mittlere und Obere Tan T'ien (Tan T'ien = Feld des Elixiers). Wie für alle anderen Zentren gibt es in der taoistischen Überlieferung auch für sie eine Reihe von Namen und Umschreibungen. Das Untere Tan T'ien heißt z. B.: Unteres Feld des Elixiers, Meer des Atems, Raum der wahren Lebenskraft, Platz des ewigen Lebens, Goldener Ofen.

Die Bedeutung der Tan T'iens geht in der taoistischen Tradition über die der anderen Zentren hinaus. Die Tan T'iens nehmen bei andauernder Übung einen zunehmend größeren Raum ein. So werden die sich in ihrer Nähe befindlichen Zentren, ohne ihre Eigenständigkeit zu verlieren, gleichsam in ihren Einflußbereich einbezogen. So fließen im Unteren Tan T'ien (unterhalb des Nabels) die Kräfte der sich im Beckenbauchraum befindlichen Zentren zusammen. (Dem entwickelten Unteren Tan T'ien entspricht das japanische »Hara«.) In das Mittlere Tan T'ien am Solar Plexus fließt die Kraft des Hauses des Feuers (im Bereich des Herzens) und des Mittleren Tores (an der Wirbelsäule) ein; in das Obere Tan T'ien (am Scheitelpunkt) fließt die Kraft der Halle des Lichts (an der Stirn zwischen den Augen) und des Jadetors (am Hinterhauptloch) ein (siehe auch der Kleine Himmlische Kreislauf).[1]

Taoistische Zentren		Indische Entsprechungen
Oberes Tan T'ien	Oberes Tan T'ien (»Sitz des ursprünglichen Geistes«)	Scheitelzentrum
	Halle des Lichts	Stirnzentrum Halszentrum
Mittleres Tan T'ien	Haus des Feuers (»Sitz des emotionalen Bewußtseins«)	Herzzentrum
	Mittleres Tan T'ien	
Unteres Tan T'ien	Unteres Tan T'ien	Nabelzentrum (Unterleibszentrum)
	Tor des Schwanzes	Wurzelzentrum

Wichtige auf die Entwicklung der Zentren bezogene taoistische Praktiken, siehe im folgenden.

[1] Vergleichbar werden in den tibetischen Meditationssystemen sowohl die beiden obersten als auch die beiden untersten Zentren als ein Zentrum aufgefaßt. Siehe Lama Govinda, *Grundlagen tibetischer Mystik*, Seite 162

DAS MERIDIANSYSTEM

Nach der jahrtausendealten Lehre der chinesischen Akupunktur durchziehen Meridiane (Energieverlaufsbahnen) auf festgelegten Bahnen den ganzen Körper. Haupt-, Neben-, Muskel-, Sehnen-, Sonder- und Wundermeridiane erfüllen in diesem System jeweils bestimmte Aufgaben. Die bekanntesten sind die zwölf Hauptmeridiane, die orientiert am physischen Körper dicht unter der Haut verlaufen. Die Meridiane werden von der Lebenskraft Ch'i durchflossen bzw. gebildet. Beim Ch'i werden seinen Wirkungsweisen entsprechend Einzelaspekte unterschieden, z. B. Yang, Yong, Wei und ancestrale Energie.[1] Die Energie fließt in Kreisläufen.[2] Die Richtung des Energieflusses ist gleichbleibend.

Die Funktion des Meridiansystems ist mit Hilfe des Yin-Yang-Prinzips und der Lehre der fünf Elemente genau beschrieben. Das Meridiansystem steht in enger Verbindung mit den Funktionen des physischen Körpers. Die Hauptmeridiane und die auf ihnen liegenden sogenannten Akupunkturpunkte korrespondieren z. B. mit allen wichtigen Funktionen des Körpers, worauf auch ihre Namen hinweisen: Leber-, Galle-, Blasen-, Nieren-, Lungen-, Herzmeridian u. a. Eine Krankheit hat ihr Gegenstück in Störungen des Energieflusses im Meridiansystem: Stauungen der Energie in einem oder mehreren Punkten auf der Bahn eines oder mehrerer Meridiane, zu schwach fließendes Ch'i u.ä. Die Behandlungsmethoden der Akupunktur (Einsetzen von Nadeln) gleichen diese Störungen aus und unterstützen auf diese Weise den Gesundungsprozeß. Bei der japanischen Variante der Akupunktur, der Akupressur (Shiatsu) wird eine vergleichbare Wirkung durch Fingerdruck erzielt.

Das Meridiansystem ist seiner Anlage nach bei jedem Menschen in gleicher Weise vorhanden. Bei langjähriger intensiver meditativer Praxis wird das Meridiansystem der verfeinerten Wahrnehmung des Übenden zugänglich (siehe die Öffnung der Himmlischen Kreisläufe). Seine Entdeckung war somit nicht zufällig, wie oft in der westlichen Akupunkturliteratur zu lesen ist.

Die Energieverlaufsbahnen sind auch in der indischen Tradition bekannt. Sie sind aber nicht in vergleichbarer Weise detailliert und systematisch beschrieben sowie heilkundlich genützt worden.

*

Das Meridiansystem und die feinstofflichen Zentren können wir als in ihren Eigenschaften weitgehend bekannte, differenzierte Systeme im feinstofflichen Wesensbereich sehen. Sie erfüllen in der Ganzheit

---

[1] Dr. med. Guido Fisch, *Akupunktur*, Seite 36 f.

[2] ibid., Seite 44

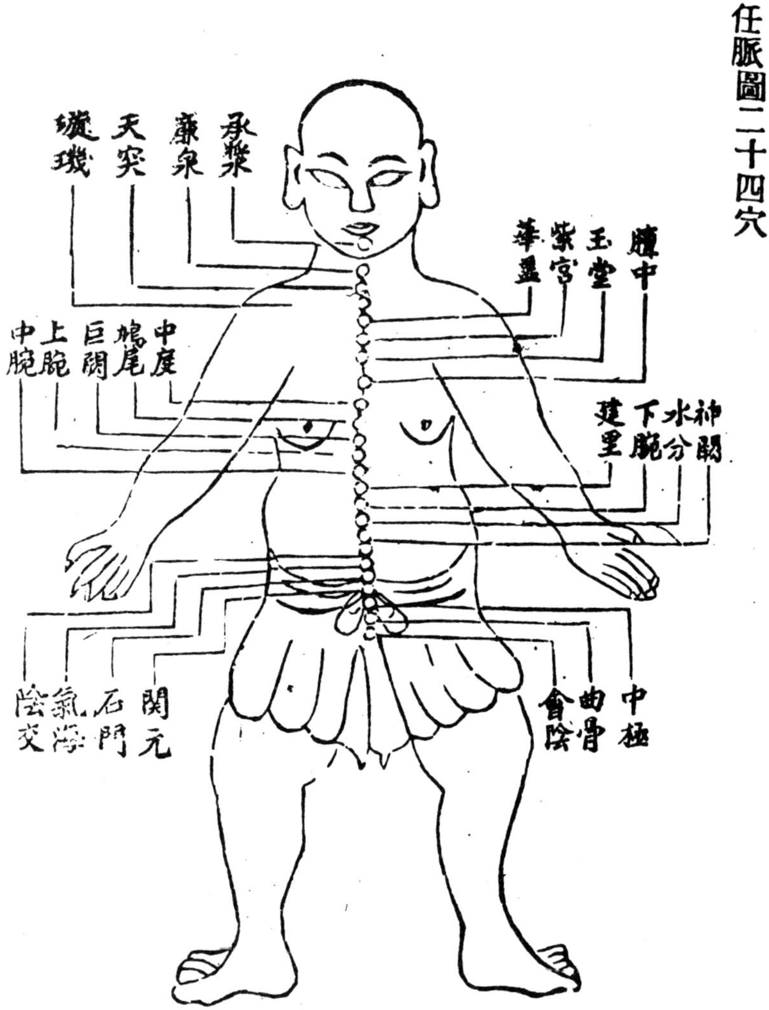

Der Wundermeridian Yen Mo

des Menschen bestimmte Aufgaben. Sie arbeiten fortwährend ohne willentliche Beeinflussung des Menschen und das auch, bevor sie geöffnet oder durch Üben entwickelt werden. Die beim T'ai Chi Ch'uan aus Haltung, Bewegung, Atmung und Entspannung (Loslassen) resultierenden Bewegungen des Ch'i (z. B. das Sinken und Steigen des Ch'i, das Wurzeln, die Bewegungen des Ch'i bei der Gewichtsverlagerung und der Ch'i-Atmung) sind nicht auf Energieverlaufsbahnen begrenzt. Sie sind umfassende Bewegungen des unseren Wesensbereich durchdringenden Ch'i und werden auch als solche wahrgenommen.

DER KLEINE HIMMLISCHE KREISLAUF[1]

Die Darstellung der sieben Hauptzentren mit der als Schlangenlinie durch sie hindurchführenden Kundalini ist kennzeichnend für die Sicht der indischen Chakra-Lehre; für die taoistische Lehre ist es das Bild der drei Tan T'iens mit dem sie umgebenden Kleinen Himmlischen Kreislauf.

Die sogenannte Öffnung des Kleinen Himmlischen Kreislaufs gehört zu den bekanntesten taoistischen Meditationspraktiken. Sie wird auch den Atemübungen zugerechnet. Über den Weg der Öffnung des Kleinen Himmlischen Kreislaufs werden die auf seiner Bahn liegenden Zentren angeregt, gestärkt und entwickelt. Nach der taoistischen Tradition führt die Öffnung des Kleinen Himmlischen Kreislaufs zum Einswerden mit dem Tao (Erleuchtung). T'ai Chi Ch'uan kennt keine speziellen Übungen zur Öffnung der Himmlischen Kreisläufe. Da das Üben des T'ai Chi Ch'uan ihre Öffnung jedoch auf natürliche Weise bewirkt, ist eine nähere Beschreibung dieser Phänomene auch in unserem Zusammenhang von Bedeutung.

Die Bahn des Kleinen Himmlischen Kreislaufs entsteht durch die Verbindung der zwei Wundermeridiane Tu Mo und Yen Mo.[2] Sie verläuft durch wichtige Zentren. Vom Tor des Schwanzes am »Heiligen Knochen« (Kreuzbein) verläuft die Bahn die Wirbelsäule entlang aufwärts durch die Hauptzentren Mittleres Tor und Jade-Tor zum Zentrum des Ursprünglichen Geistes (Oberes Tan T'ien) am Scheitel-

---

[1] In der taoistischen Tradition wird der Kleine Himmlische Kreislauf der »vorgeburtliche Atem« oder »Foetusatem« genannt.

[2] Diese beiden Wundermeridiane werden auch den Hauptmeridianen zugezählt. Seltener ist die Bezeichnung »Kleiner Himmlischer Kreislauf« bei einigen taoistischen Schulen für einen Kleineren Kreislauf, der die Gegend des Herzens mit der der Nieren verbindet. (Siehe Chang Chung Yuan, *Tao, Zen und Schöpferische Kraft,* Seite 124).

punkt, von hier abwärts der Mittellinie folgend zur Halle des Lichts, um Haus des Feuers (taoistisch: Sitz des emotionalen Bewußtseins), zur Gelben Halle (Mittleres Tan T'ien) beim Solar Plexus, von dort zum Platz des Ewigen Lebens, auch Raum der Wahren Lebenskraft oder Goldener Ofen genannt (Unteres Tan T'ien), über andere Zentren zum Heiligen Knochen.

Die Abbildung 10 zeigt eine Lokalisierung der Hauptzentren auf der Bahn des Himmlischen Kreislaufs. Durch die schematisch in ihrem Funktionszusammenhang nochmals innen dargestellten drei Tan T'iens wird zudem eine wichtige Entwicklung im feinstofflichen Wesensbereich bei zunehmender Übung angezeigt. Der vom Unteren zum Oberen Tan T'ien führende Kanal soll das Aufsteigen des sogenannten Yang-Ch'i andeuten, ihm entspricht die in der indischen Chakra-Lehre beschriebene Kundalini, die nicht mehr auf die Suṣumnā in der Wirbelsäule begrenzt ist, sondern auch das Innere des Körpers erfaßt.

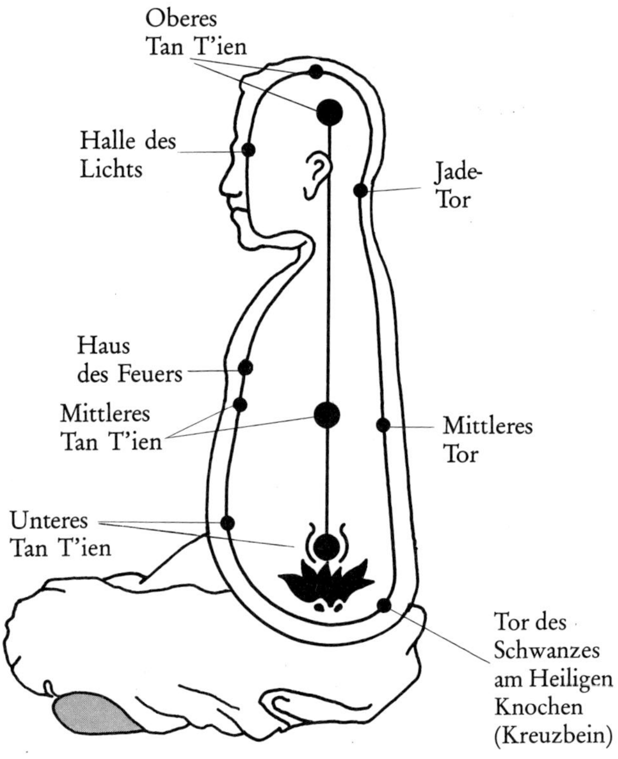

Der Kleine Himmlische Kreislauf

DIE ÖFFNUNG DER HIMMLISCHEN KREISLÄUFE

Von der Lehre der Akupunktur her wissen wir, daß die Meridiane grundsätzlich offen sind. Mehr oder weniger Energie fließt fortwährend in ihnen, erst in einem Krankheitsfall ist sie gestaut. Der Begriff »Öffnung« hat in diesem Zusammenhang eine weitergehende Bedeutung. Ein Meridian gilt als geöffnet, wenn das Ch'i zu einer solchen Stärke angewachsen ist, daß die Bewegung der Extra-Energie im Meridian vom Übenden wahrgenommen wird. Ein Kreislauf gilt als geöffnet, wenn sich die entsprechenden Meridiane zu einem Kreislauf verbinden und die Zirkulation des Ch'i in ihnen erfahren wird.

Die taoistischen Schulen kennen unterschiedliche Übungswege zur Öffnung der Himmlischen Kreisläufe. Die Konzentration auf das Untere Tan T'ien und die natürliche Atmung bzw. korrekte Atmung sind ausreichend, wenn sie über viele Jahre intensiv geübt werden, um die Öffnung der Himmlischen Kreisläufe zu bewirken. Die bei dieser Übungsweise hervorgerufene Ansammlung des Ch'i öffnet die Himmlischen Kreisläufe sozusagen auf natürliche Weise. Um eine schnellere Öffnung der Himmlischen Kreisläufe zu bewirken, werden besondere, dem Pranayama vergleichbare Atemübungen und eine bewußte Leitung des Ch'i angewandt. Die »treibende« Kraft für die Öffnung der Himmlischen Kreisläufe liegt jedoch im Unteren Tan T'ien.

Um ein besseres Verständnis dieser Zusammenhänge zu ermöglichen, geben wir im folgenden die kurzgefaßte Beschreibung eines sich über Jahre hinziehenden taoistischen Übungsweges, der die Öffnung der Himmlischen Kreisläufe zum Ziel hat und beim Unteren Tan T'ien ansetzt.[1] Wir beziehen uns dabei auf Herrn Takafuji und sein Buch »Senin ni naru ho«[2]: Durch Atemübungen, unterschiedlich lange Aus- und Einatemphasen, Anhalten des Atems etc. wird eine verstärkte Ansammlung von Ch'i im Unteren Tan T'ien erzeugt. Wenn die Ansammlung des Ch'i wie ein heißes, sich drehendes Energiefeld empfunden wird, wird sie der Bahn des Kleinen Himmlischen Kreislaufs folgend durch geistige Lenkung zum Heiligen Knochen dirigiert. Von da aus geht die Öffnung des Himmlischen Kreislaufs meist

---

[1] Mit der Öffnung des Kleinen Himmlischen Kreislaufs kann an jedem sich auf seiner Bahn befindlichen Zentrum angesetzt werden. Für Frauen wird als Ansatz für die Öffnung des Kleinen Himmlischen Kreislaufs auch das Haus des Feuers empfohlen. Die treibende Kraft für die Öffnung der Himmlischen Kreisläufe bleibt jedoch das Untere Tan T'ien. Ihm kommt als Atemzentrum vor allen anderen Zentren große Bedeutung zu, weil es durch den immer tätigen Atem seine Anregung und Stärkung erfährt.

[2] Takafuji Sou, *Senin ni naru ho* (Der Weg, Taoist zu werden), Seiten 158–203

in Abschnitten vor sich, und zwar von Hauptzentrum zu Hauptzentrum. Individuell verschieden kann die Öffnung einzelner Abschnitte schwierig sein. Herr Takafuji weist in diesem Zusammenhang auf die Bedeutung der korrekten Rückenhaltung hin. Eine Fehlhaltung des Kopfes bzw. der Unteren Wirbelsäule erschwert das Öffnen der dort befindlichen Abschnitte. Eine schlechte Kopfhaltung, z. B. ein nicht angezogenes Kinn, kann ein Stocken des Ch'i beim Jadetor (am Hinterhauptloch) zur Folge haben.

Die Öffnung des Kleinen Himmlischen Kreislaufs wird über Jahre durch Atemübungen verstärkt und vertieft. Dabei kommt es zu verschiedensten Wahrnehmungen: Das Chi'i kann sowohl ohne Unterbrechung im Kleinen Himmlischen Kreislauf zirkulieren als sich auch für geraume Zeit in den Zentren »aufhalten«, in ihnen zirkulieren und dann in der Bahn weitergehen. Die anfänglich eher schwächere Zirkulation des Ch'i unter der Hautoberfläche verlagert sich bei andauernder Übung nach innen, wobei auch das Innere der Wirbelsäule erfaßt wird. So kommt es neben dem Zirkulieren des Ch'i in der Bahn des Kleinen Himmlischen Kreislaufs immer wieder zu der Erscheinung des sogenannten aufschießenden Yang-Ch'i (Yang-Ch'i = heißes Ch'i, Kundalini) im Bereich der Wirbelsäule. Auch dieses wird, anfänglich meist schwach, bei zunehmender Übung stärker und umfassender empfunden. Wenn die Entwicklung soweit fortgeschritten ist, geht der Kleine Himmlische Kreislauf auf natürliche Weise in den Großen Himmlischen Kreislauf über. Beim Großen Himmlischen Kreislauf werden die 12 Hauptmeridiane und die 6 weiteren Wundermeridiane verbunden. In der Verbindung der 6 Wundermeridiane wird oft auch ein eigener Kreislauf, der Große Körperkreislauf, gesehen.

Um eine schnellere Öffnung des Großen Himmlischen Kreislaufs zu bewirken, wird in taoistischen Praktiken auch die Konzentration auf den Platz der Sprudelnden Quelle in der Mitte der Fußsohlen empfohlen. Dieses Zentrum, das besondere Bedeutung für die Öffnung des Großen Himmlischen Kreislaufs hat, wird beim T'ai Chi Ch'uan durch die besondere Art der Gewichtsverlagerung (Fußbewegungen), das »Wurzeln« und das »Sinken« angeregt und entwickelt.

Verschiedene Wirkungsweisen des Ch'i, auch das Aufschießen des Yang-Ch'i, werden den Bewegungen der Energie im Großen Himmlischen Kreislauf zugeordnet. Nach der taoistischen Lehre, so Herr Takafuji, kann die Öffnung des Großen Himmlischen Kreislaufs nur erlangt und vervollkommnet werden, wenn das Aufschießen des Ch'i in der Wirbelsäule eine immer größere Kraft erlangt.

Hier treffen sich die indische Chakra-Lehre und die taoistische Tradition. Beide sehen einen Zusammenhang zwischen dem Zustand der

Energieverlaufsbahnen und der Kraft der Kundalini bzw. der Kraft des steigenden Yang-Ch'i. Die indische Tradition sieht in der Unreinheit der Nadis ein Hindernis für das Steigen der Kundalini[1], Ziel ihrer Übungen ist also auch die Reinigung der Nadis. Die taoistische Tradition bewirkt über die Pflege bzw. Öffnung der Meridiane (Nadis) das Steigen des Yang-Ch'i (Kundalini).

Im indischen Yoga wird das Steigen der Kundalini als das höchste Ziel des Yogi bezeichnet (Vivekananda) und ist mit Erleuchtungserfahrungen verbunden. Nach der taoistischen Tradition führt die Öffnung der Himmlischen Kreisläufe mit dem aufsteigenden Yang Ch'i zum Einswerden mit dem Tao oder der Erfahrung des Absoluten (Erleuchtung).

DIE DREI TAN T'IENS UND DAS STEIGENDE YANG-CH'I

Im Zusammenhang mit der Ausbildung des feinstofflichen Wesensbereichs heben einige taoistische Schulen die Öffnung der Himmlischen Kreisläufe hervor, andere beziehen sich mehr auf die mit den drei Tan T'iens und dem steigenden Yang-Ch'i in Verbindung stehenden Prozesse. Mit beiden Ansätzen verbinden sich taoistische Meditationspraktiken. Obwohl beide in engem Zusammenhang stehen, gelten Praktiken, die an dem Steigen des Yang-Ch'i durch die drei Tan T'iens ausgerichtet sind, als eigener Übungsweg. Letzterer stellt sich wie folgt dar:

Um das Steigen des Yang-Ch'i hervorzubringen, muß das Untere Tan T'ien (auch Unteres Feld des Elixiers genannt) entwickelt werden. Die Stärkung des Unteren Tan T'iens wird durch Atemübungen (natürliche Atmung, korrekte Atmung oder besondere Atemmethoden) und die geistige Konzentration auf das Untere Tan T'ien hervorgerufen. Neben der Ansammlung von Ch'i im Unteren Tan T'ien kommt es zu einer Ansammlung von Ching. Ching gilt den Taoisten als eigene Energie bzw. als Manifestation des großen Ch'i. Als spezielle Energie wird Ching den Sexualorganen und den mit ihnen korrespondierenden feinstofflichen Zentren im Unterleibsbereich zugeordnet, z.B. dem Tor des Schwanzes (in der indischen Tradition das Wurzelzentrum). Im Ching und im Ch'i werden die »Brennstoffe« gesehen, die das Untere Tan T'ien, auch der »Kessel« oder der »Ofen« genannt, zum Erhitzen und schließlich zum »Überlaufen« bringen. Dies bewirkt über den Weg des Sinkens der Energie zum Heiligen Knochen (Tor des Schwanzes) das anfangs schwächere, später zunehmend stärker empfundene Steigen des Yang-Ch'i im Bereich der Wirbelsäule. Es erfaßt später mehr das Innere des Körpers.

[1] Avalon, *The Serpent Power*, Seite 110

Vom Tor des Schwanzes steigt die Energie zum Mittleren Tan T'ien, auch Mittleres Feld des Elixiers genannt. Hier verfeinert sich die Energie (Ching und Ch'i), wie es heißt, zu reinem Ch'i. Beim Aufsteigen des Ch'i zum Oberen Tan T'ien (Shen, dem Sitz des Ursprünglichen Geistes, auch Oberes Feld des Elixiers genannt) erfolgt die Verfeinerung des Ch'i in reinen Geist und damit seine Rückführung oder sein Einmünden in die Große Leere (chinesisch: T'ai Hsü; Sanskrit: Sunyata).[1] Die Große Leere wie das Tao (das Namenlose, Absolute, Undifferenzierte) stehen für das, was jenseits von allen Vorstellungen ist, nicht an Entstehen und Vergehen gebunden ist, von dem alle Dinge kommen, zu dem sie wieder zurückkehren und in dem auch unser wahres Wesen und unser wahres Selbst begründet ist.

Der Verfeinerungsprozeß des Ch'i über den Weg durch die Tan T'iens mag intellektuell schwer nachvollziehbar sein. Als Vorgang im feinstofflichen Wesensbereich entspricht er dem Prozeß geistiger Erfahrungen. Das Nachinnenkehren, Nachinnengehen, die Sammlung aller Kräfte des Menschen bei der meditativen Übung führt zur Erfahrung unseres wahren Selbst, unseres Ursprungs.[2]

Sowohl die Öffnung der Himmlischen Kreisläufe als auch die auf die drei Tan T'iens bezogene Verfeinerung des Ch'i werden in der taoistischen Tradition in Zusammenhang mit Erleuchtungserfahrungen gesehen. Die hier eher einfachen Darstellungen dieser Vorgänge finden sich in der taoistischen Literatur in unterschiedlich komplexen Zuordnungen, z. B. zum Yin-Yang-Prinzip, zu den fünf Elementen (Feuer, Wasser, Erde, Luft und Metall) und den Hexagrammen des I Ging.

Nach Ansicht der Taoisten wird das viele feinstoffliche Entwicklungsprozesse fördernde Ching durch den Orgasmus geschwächt. Sexuelle Enthaltsamkeit zumindest für einen bestimmten Zeitabschnitt, beim Kleinen Himmlischen Kreislauf wenigstens 3 Monate, beim Großen Himmlischen Kreislauf 6 Jahre, oder das Einbehalten

---

[1] Das Einmünden des C'hi in die Große Leere ist gleichbedeutend mit einer großen Erleuchtungserfahrung.

[2] Emanuel Jungclausen, *Der Meister in Dir* – Entdeckung der Inneren Welt nach dem christlichen Mystiker Johannes Tauler, Seite 126: »Daher sind alle Ausgänge um der Wiederkehr willen; darum ist der Himmelslauf der alleredelste und vollkommenste, weil er recht eigentlich wieder zu seinem Ursprung und Beginn zurückkehrt, von wo er ausging; so ist auch des Menschen Lauf der edelste und vollkommenste, wenn er im eigentlichen Sinn wieder zu seinem Ursprung zurückkehrt«. Seite 128: »Fürwahr es muß notwendigerweise ein Rücklauf geschehen, soll jene Geburt zustande kommen; es muß eine entscheidende Einkehr statthaben, ein Einholen, eine innere Vereinigung aller Kräfte, der niedrigsten wie der höchsten, eine Zusammenfassung gegenüber allen Zerstreuungen, ...«.

der sexuellen Energie bei der geschlechtlichen Vereinigung gelten als Voraussetzung für die Öffnung der Himmlischen Kreisläufe. Vergleichbar den Praktiken des indischen Tantra-Yoga sucht man auch im Taoismus die geweckte sexuelle Energie einzubehalten. Sie wird nach innen gezogen und in die Bahn des Himmlischen Kreislaufs in Richtung des Heiligen Knochens geleitet, um sie so für den geistigen Weg nutzbar zu machen. Das gilt für beide Partner gleichermaßen.

Mit der Öffnung der Himmlischen Kreisläufe und dem aufsteigenden Yang-Ch'i sind weitere Praktiken verbunden, z. B. die Entwicklung des sogenannten Lebenselixiers, auch Elixier der Unsterblichkeit genannt (deshalb auch die Bezeichnung Unteres -, Mittleres- und Oberes Feld des Elixiers für die drei Tan T'iens). Das Eingehen auf diese und weitere taoistische Meditationspraktiken würde jedoch in diesem Zusammenhang zu weit führen.

DIE AUSWIRKUNGEN DES STEIGENDEN YANG-CH'I AUF DEN PHYSISCHEN KÖRPER

Beim T'ai Chi Ch'uan und den beiden anderen Ausprägungen der Sanften oder Inneren Schule Hsing I und Pa Kua wird die Ansammlung des Ch'i (und Ching), seine Verfeinerung und sein Steigen durch die Tan T'iens, auch in seiner Auswirkung auf den physischen Körper beschrieben: Die Ansammlung des Ch'i (und Ching) im Unteren Tan T'ien bringt, wie es heißt, eine Stärkung und Biegsamkeit der Knochen hervor. Die Verfeinerung des Ch'i im Mittleren Tan T'ien wirkt sich auf eine Veränderung der Muskeln und Sehnen aus, die elastisch und von Energie durchdrungen gleichsam eine andere Qualität bekommen. Die dritte Stufe der Verfeinerung des Ch'i im Oberen Tan T'ien geht einher mit dem sogenannten »Markwaschen«. Beim kraftvollen Aufschießen der Energie im Bereich der Wirbelsäule wird das Knochenmark energetisiert und erhitzt (»Markwaschen»). Nach der Theorie der Sanften Schule findet dieses »Markwaschen« in allen Knochen statt. Es wirkt von innen her, vom Knochenmark aus auf die Beschaffenheit der Knochen (Cheng Man-Ch'ing vergleicht es mit einem osmotischen Vorgang).[1] Biegsam wie die eines kleines Kindes, federnd und doch hart werden sie mit Stahl verglichen und sind in diesem Stadium, wie es heißt, unzerstörbar geworden.

*

Wie der physische so ist auch der feinstoffliche Wesensbereich in Aufbau und Ordnung bei allen Menschen in gleicher Weise angelegt.

---

[1] Cheng Man-Ch'ing, *T'ai Chi Ch'uan, A Simplified Method of Calisthenics for Health and and Self-Defense*, Seite 34

Aus der vorhergegangenen Beschreibung wichtiger Prozesse im feinstofflichen Wesensbereich läßt sich ersehen, daß sie wie die Körperfunktionen bestimmten Ordnungsprinzipien folgen. Im Sinken und Steigen des Ch'i, im Aufsteigen des Yang-Ch'i, in der Beziehung zwischen Geist und Ch'i sowie in den Möglichkeiten durch Haltung, Entspannung (Loslassen) und Atmung auf den feinstofflichen Wesensbereich zu wirken, zeigen sich diese Gesetzmäßigkeiten.
Durch das Ausrichten an diesen Gesetzmäßigkeiten werden bei der meditativen Übung Prozesse im feinstofflichen Wesensbereich in die Wege geleitet, die spirituelle Erfahrungen und Entwicklungen vorbereiten oder ihnen entsprechen. Vorgänge im feinstofflichen Wesensbereich sollten deshalb nicht als isolierte, eigenständige, gleichsam mechanische Abläufe verstanden werden. Sie sind keine, dem Menschen fremde und aufgesetzte, sondern in seinen Möglichkeiten und Gegebenheiten enthaltene, natürliche Vorgänge.
Im westlichen Kulturkreis haben wir keine vergleichbare Tradition von Übungen, die sich gezielt am feinstofflichen Wesensbereich orientieren. Da ein differenziertes Wissen über diesen Bereich fehlt, der auch als Bindeglied zwischen Körperlichem und Geistigem gesehen werden kann, hat man folglich Körper und Geist als vorwiegend Getrenntes gesehen. Körperübungen, die nicht an den Gesetzmäßigkeiten des feinstofflichen Wesensbereichs ausgerichtet sind, und somit ohne Wirkungen auf das Geistige bleiben, haben diese Anschauung weiter verfestigt. In der letzten Zeit wächst auch im Westen, zum Beispiel im Rahmen der Psychotherapie, die Einsicht in die Beziehung zwischen Körperlichem und Geistig-Seelischem.

Psycho-physische Körper- und Bewegungstherapien werden in zunehmendem Maße entwickelt und eingesetzt.

(siehe Hilarion Petzold, *Psychotherapie und Körperdynamik*).

VIII Meditation und natürliche Spiritualität

Grundpfeiler der Meditationsübungen sind beim T'ai Chi Ch'uan, wie bei den anderen traditionellen östlichen Wegen, Haltung (des Rumpfes), Entspannung (Loslassen), Atmung und geistige Sammlung.

Werden sie in der richtigen Weise geübt, dann werden durch ihr Zusammenwirken gleichsam auf natürliche Weise Prozesse im feinstofflichen Wesensbereich in die Wege geleitet, die die spirituelle Entwicklung des Menschen betreffen. Jede Meditation, die auf dieser Grundlage über lange Zeit geübt wird, bringt die Vertiefung der Atmung und damit die Stärkung des Unteren Tan T'iens und alle darauf folgenden Prozesse hervor: Die Ansammlung des Ch'i, die Öffnung der Himmlischen Kreisläufe, die Entwicklung der feinstofflichen Zentren, das Steigen des Yang-Ch'i und die damit verbundenen geistigen Entwicklungen und Erfahrungen. (Das geschieht unabhängig davon, ob die geistige Konzentration auf ein feinstoffliches Zentrum, ein geistiges Vorstellungsbild, ein Koan[1] oder den Atem gerichtet ist, oder ob nur Aufmerksamkeit beachtet wird.)

Die Erfahrung, daß sich diese Vorgänge gleichsam auf natürliche Weise aus der rechten Haltung, Atmung, Entspannung und geistigen Sammlung entwickeln, weist auf die im menschlichen Wesen angelegte Spiritualität hin. So ist Meditation vor allem ein Weg, die natürliche Spiritualität des Menschen und damit den »ganzen Menschen« wiederzuzulassen. Bewußtheit, Aufmerksamkeit, Harmonie, Geduld, Toleranz, Güte, Liebe, Weisheit, Intuition, eine natürliche meditative Geisteshaltung und das kosmische Bewußtsein sind Attribute der menschlichen Spiritualität. Ihr Einfließen ins tägliche Leben zeigt, daß die Meditation nicht nur während der Übung ihre Wirkungen hat. Je mehr eine Meditation an den genannten Bedingungen ausgerichtet ist, desto hilfreicher kann sie für den geistigen Weg sein. Daß das gleiche Maß an Übung nicht bei allen Menschen gleiche Auswirkungen hat, ist auf die unterschiedliche Ausgangsbasis der Menschen zurückzuführen. Meditative Praktiken, die z. B. nur geistige Konzentration üben, von Haltung, Entspannung (Loslassen) nichts wissen und in ihren Übungen nicht zur Vertiefung der Atmung führen, sind weniger geeignet, um zu einer ganzheitlichen Selbstverwirklichung zu führen.

---

1 Koan ist im Zen-Buddhismus ein durch Denken nicht zu lösendes Rätsel.

IX Die Meditation beim T'ai Chi Ch'uan

Beim T'ai Chi Ch'uan geschieht die Meditation in Bewegung.

Die ungegenständliche Meditation, die beim T'ai Chi Ch'uan geübt wird, entspricht dem Wesen der taoistischen Lehre. Sie findet sich beim T'ai Chi Ch'uan in zwei Variationen: der Konzentration auf das Untere Tan T'ien und dem Üben in vollkommener Aufmerksamkeit. Beide sind übliche taoistische Meditationsweisen.

Unsere Vorstellung von Meditation ist im allgemeinen von der Meditation in einer Ruhehaltung geprägt. Es ist einleuchtend, daß Sammlung, Versenkung, In-sich-gehen durch eine Ruhehaltung gefördert werden. Wie sich dagegen eine Meditation in Bewegung verwirklichen läßt, ist nicht leicht verständlich.

Beim T'ai Chi Ch'uan heißt es, daß Stille in der Bewegung gefunden wird. Die gleichmäßigen, fließenden Bewegungen ermöglichen das Entstehen und Beibehalten einer meditativen Geisteshaltung. Je besser die äußere Form der Bewegungsabläufe beherrscht wird, desto mehr kann das meditative Element des T'ai Chi Ch'uan zum Tragen kommen. Die Bewegung des Körpers wird dabei jedoch nicht zu einem isolierten, vom Geistigen abgetrennten, gleichsam mechanischen Geschehen. Sie wird mit voller Bewußtheit vollzogen.

In der Bedeutung der »Körperarbeit« für die Meditation finden sich Parallelen zwischen T'ai Chi Chuan und den im Sitzen geübten Meditationen: Die Vertiefung der Meditation ergibt sich beim T'ai Chi Ch'uan, wenn der Übende zunehmend sanfter, beweglicher und entspannter geworden ist und die Form (Bewegungsabläufe) immer besser »ausfüllen« kann. Bei einer Meditation im Sitzen wird sich vergleichsweise die Meditation erst befriedigend vertiefen, wenn der Übende über lange Zeit bequem und entspannt in einer guten Haltung sitzen kann. Um das zu erreichen, muß auch hier im Sitzen über viele Jahre an einer guten Haltung, an Entspannung (Loslassen) usw. »gearbeitet« werden.

Bei zunehmender Vertiefung der Meditation ergibt sich auch beim T'ai Chi Ch'uan der Versenkungszustand. Der Übende erfährt einen Zustand vollkommener Harmonie. Er ist eins mit seinem Tun geworden, bleibt in seiner Sammlung ungestört von äußeren Einflüssen, ohne seine Wachheit und sein Reaktionsvermögen zu verlieren. Die in vielen Abstufungen auftretenden Erleuchtungserfahrungen begleiten den Weg des T'ai Chi Ch'uan, dessen geistiges Ziel die Wandlung zum »ganzen Menschen« ist.

X Die Selbstverteidigung

Die Übungen des T'ai Chi Ch'uan, die Einzelübung (Kurzform oder Lange Form) und die auf ihr aufbauenden Partnerübungen »Push Hands« (chinesisch: Tui Shou) und das »Große Ziehen« (chinesisch: Ta Lu) setzen sich aus einer festgelegten Abfolge von Bewegungsabläufen (sogenannten Stellungen und die sie verbindenden Übergänge) zusammen. Diese tragen Namen, die teils auf Selbstverteidigungstechniken verweisen wie z. B. »Drücken«, »Stoßen«, »Abwehren«, teils bildhafte Beschreibungen der Bewegungsabläufe geben: »Schöne Dame am Webstuhl«, »Spiele die Laute«, »Goldener Hahn steht auf einem Bein« u. ä.. Jeder Bewegungsablauf enthält eine oder mehrere Selbstverteidigungstechniken. Mit ihnen können Angriffe von allen Seiten sowie von oben und unten abgewehrt und beantwortet werden. Gleichzeitig ist, wie bereits ausgeführt, in jedem Bewegungsablauf eine optimale Bewegung bestimmter Muskeln, Sehnen, Bänder, Gelenke und Knochen enthalten. Unter diesem Gesichtspunkt sind die Bewegungsabläufe des T'ai Chi Ch'uan den Asanas des Hatha-Yoga vergleichbar. Die äußere Form eines jeden einzelnen Bewegungsablaufes basiert somit auf einer Kombination von Selbstverteidigungstechnik und optimaler Körperbewegung.

T'ai Chi Ch'uan kennt keine Fallübungen, keine Würfe, keine aggressiven Bewegungen. Die durch sie hervorgerufenen Erschütterungen der Organe und des Gehirns sind aus der Sicht des T'ai Chi Ch'uan wenig gesundheitsfördernd. Verletzungen, wie sie beim Üben anderer Selbstverteidigungsdisziplinen vorkommen, sind beim T'ai Chi Ch'uan nicht bekannt.

Die sanfte, fließende, langsame Bewegungsweise des T'ai Chi Ch'uan ermöglicht das bewußte Üben des Entspannens (Loslassens), der Gewichtsverlagerung, des Wurzelns und des Sinkens sowie das Üben der Bewegung in Einklang mit der tiefen Atmung und der meditativen geistigen Haltung. Das Üben in dieser Weise bewirkt die Entwicklung und Pflege des Ch'i, dessen Einsatz im Zentrum der Selbstverteidigung des T'ai Chi Ch'uan steht. Bei der Anwendung der Selbstverteidigung gilt selbstverständlich eine andere Geschwindigkeit, sie ist der Situation bzw. der des Gegenübers angepaßt.

Die geistige Haltung des T'ai Chi Ch'uan ist sowohl beim Üben als auch bei der Selbstverteidigung ohne kämpferische oder aggressive Ausrichtung. Eine aggressive geistige Haltung würde ein Abbrechen der geistigen Konzentration zur Folge haben und damit den geistigen Zugang zum Ch'i unterbrechen. Ein Wort des T'ai Chi Ch'uan sagt:

»Ist die Aufmerksamkeit unterbrochen, ist die geistige Lenkung des Ch'i unterbrochen«.

Der Zugang zum Selbstverteidigungsaspekt des T'ai Chi Ch'uan bereitet Übenden, die durch meditative und gesundheitliche Beweggründe motiviert sind, oft Schwierigkeiten. Der Selbstverteidigungsaspekt des T'ai Chi Ch'uan ist jedoch ein so elementarer Bestandteil des T'ai Chi Ch'uan, das er sich nicht von ihm abtrennen läßt. Das Wissen darum, welche Selbstverteidigungstechnik in diesem oder jenem Bewegungsablauf enthalten ist, hilft uns, die Bewegung klarer und bewußter auszuführen. Das Üben der Partnerübungen, die sanft und entspannt mit leichtem Kontakt geübt werden, ist eine ausgezeichnete Möglichkeit, zu überprüfen, inwieweit wir die Prinzipien verwirklicht haben. Ein Abtrennen des Selbstverteidigungsaspektes begrenzt die Möglichkeiten einer exakten Vermittlung des T'ai Chi Ch'uan. Es führt erfahrungsgemäß dazu, daß den Bewegungsabläufen die Klarheit und die bewußte Ausrichtung fehlt. Somit können die energetischen Wirkungsmöglichkeiten des T'ai Chi Ch'uan nicht voll ausgeschöpft werden.

Im folgenden sollen wichtige Aspekte der Selbstverteidigung beim T'ai Chi Ch'uan angesprochen werden.

DIE PARTNERÜBUNG »PUSH HANDS«

T'ai Chi Ch'uan kennt eine Fülle von Partnerübungen. Die für den Yang-Stil grundlegende Partnerübung »Push hands« setzt sich aus den vier Stellungen: »Abwehren«, »Zurückrollen«, »Drücken« und »Stoßen« zusammen. Die Techniken dieser vier in der Einzelübung enthaltenen und aufeinanderfolgenden Stellungen sind für den Yang-Stil besonders wichtig. Anhand dieser Partnerübung können sie intensiv geübt werden.

Beide Partner stehen sich im Bogenschritt gegenüber. Partner A beginnt mit dem »Stoßen« vorwärts, Partner B bewegt sich beim Zurückweichen aus der Stellung »Abwehren« in das »Zurückrollen«. Partner A geht vom »Stoßen« in ein »Drücken« über, dem Partner B durch ein Drehen zur Seite ausweicht. Anschließend wird Partner B mit einem »Stoßen« aktiv und Partner A bewegt sich beim Zurückweichen aus der Stellung »Abwehren« in das »Zurückrollen« und so fort. Auch beim Wechsel der Stellungen bleibt immer ein Arm in Kontakt mit dem Partner.

Die Übung kann, da sie ohne Unterbrechung aneinandergereiht werden kann, beliebig lange ausgeführt werden. Man wird allerdings unterbrechen, um den Bogenschritt zu wechseln und sowohl nach links als auch nach rechts ausgerichtet üben. Für die Ausführung des

Das »Push hands«

»Push hands« gelten bis auf die Geschwindigkeit die gleichen Grundsätze wie für die Einzelübung (Kurzform oder Lange Form). Beide Partner sollen sich wie in der Einzelübung sanft, fließend und entspannt bewegen. Mit entspannten Schultern und Ellenbogen sollen die Arme aus der einheitlichen Bewegung des Körpers geführt werden. Beim Zurückweichen soll kein Widerstand geleistet werden. Dem Gegenüber soll durch Wegdrehen zur Seite so rechtzeitig ausgewichen werden, daß der eigene Stand nicht aufgegeben werden muß. Dabei soll trotzdem der Kontakt beibehalten werden. Beim Vorwärtsbewegen soll nicht mehr Kraft, als dafür nötig ist, angewandt werden. Auf den Partner ist kein Druck auszuüben. Daß bei einem Üben auf diese Weise der Partner aus dem Gleichgewicht gebracht werden kann, mag schwer vorstellbar sein. Bemühen sich beide Partner jedoch um Sanftheit und Entspanntheit, ist es sehr wohl möglich, dies durch leichte, sanfte Bewegungen zu erreichen.

Das »Push hands« wird wie die Partnerübungen allgemein etwas schneller ausgeführt als die Einzelübung. Verbunden mit der Gewichtsverlagerung im Bogenschritt ergeben sich hier kontinuierliche Drehbewegungen des Rumpfes. Dadurch wird eine außerordentliche Flexibilität, Beweglichkeit und Lockerheit des gesamten Körpers erzielt. Diese trägt wesentlich zur Vertiefung des Atems und damit der Ch'i-Entwicklung bei. Die dabei entstehende Rhythmisierung der Atmung fördert die Entwicklung und Pflege des Ch'i. Der sich aus der Gewichtsverlagerung ergebende Fluß des Ch'i von »Voll« zu »Leer« regt ebenfalls die Entwicklung und Pflege des Ch'i an. Gleichzeitig wird durch diese Übung eine große Kräftigung des gesamten Körpers erzielt, Ausdauer entwickelt und das Reaktionsvermögen entscheidend verbessert. (Das Nervensystem bedient sich zum großen Teil der Muskelzellen — geschmeidige Muskeln erhöhen die Reaktionsfähigkeit; harte, versteifte Muskeln verringern sie.) Das Bemühen um zunehmendes körperliches und geistiges Loslassen fördert diese Entwicklung wesentlich. Bei kontinuierlichem Üben werden Geist, Ch'i (Atem) und Körper immer mehr zu einer harmonischen Einheit.

In das »Push hands« können von fortgeschrittenen Schülern neben den grundlegenden Techniken »Abwehren«, »Zurückrollen«, »Drücken« und »Stoßen« alle in der Form enthaltenen Techniken eingeflochten werden. Das Üben des »Push hands« ist für Anfänger meist wenig befriedigend, da sie sich noch nicht gleichmäßig, fließend und sanft bewegen können. Es wird daher meist erst von Fortgeschrittenen geübt.

DAS TA LU

Das Ta Lu wird von zwei Partnern ausgeführt. Mit aufeinander bezogenen Schrittkombinationen werden hier im besonderen die Techniken »Zurückziehen«, »Schulterstoß«, »Spalten« und »Stoß mit Ellenbogen« geübt. Diese gehören wie das »Abwehren«, »Zurückrollen«, »Drücken« und »Stoßen« zu den wichtigsten Techniken des Yang-Stils.
Beim Ta Lu lernen wir Angriffen von allen Seiten her zu begegnen. In das Ta Lu können auch andere in der Einzelübung enthaltene Techniken eingeflochten werden.

– Das Ta Lu –
Meister Chi und Partner 1966

Schwertübungen
Meister Chi und T'ai-Chi – Schwertmeister Hsu, Taipeh 1964

T'ai Chi Ch'uan kennt eine Fülle von Schwert- und Stockformen. Sie lassen sich nicht eindeutig den Hauptstilrichtungen Chen, Yang, Wu und Sun zuordnen. Für die Schwert- und Stockformen gelten die gleichen Prinzipien wie für die Einzelübung, das »Push hands« und das Ta Lu. Sie werden mit der gleichen Sanftheit und Entspanntheit ausgeführt, Schwert und Stock werden locker gehalten. Wie das »Push hands« und das Ta Lu werden auch diese Übungen ein wenig schneller ausgeführt als die Einzelübung. Einzelne Schwertstreiche werden betont ausgeführt, dadurch variiert die Dynamik der Bewegungsabläufe. Die Schwert- und Stockformen enthalten Elemente (Techniken und Schritte) der Einzelübungen. Schwert und Stock werden zur Verlängerung des Armes. Das »Fühlen« und das »Haften« (siehe im folgenden) kommen auch bei diesen Formen zur Anwendung.

Die Schwertformen des T'ai Chi Ch'uan werden in China auch »freundliche« Schwertformen genannt, weil sie nicht wie viele andere darauf ausgerichtet sind, den Gegner zu töten. Sie wollen ihn nur kampfunfähig machen.

DIE VIER STUFEN: FÜHLEN, NACHGEBEN, HAFTEN, ABPRALLEN

Das Üben des T'ai Chi Ch'uan führt zur Entwicklung von Fähigkeiten, die in Stufen unterschieden werden: Das Fühlen, das Nachgeben, das Haften, das Abprallen. Die mit diesen Stufen verbundenen Wahrnehmungsqualitäten und Kräfte des Menschen entwickeln sich durch das Üben des T'ai Chi Ch'uan (Einzelübung) auf natürliche Weise. Das Erreichen der oberen Stufen vervollkommnet zugleich die unteren. Die Anwendung und Übung der mit diesen Stufen verbundenen Fähigkeiten ist im besonderen mit dem Üben des »Push Hands« verbunden.

Das Fühlen:

In dieser ersten Stufe ist die Sensibilisierung des Übenden soweit fortgeschritten, daß er sich auf seinen Partner einstellen kann und ein Gespür für dessen Absichten bekommt. Die Prinzipien des T'ai Chi Ch'uan müssen dabei in Ansätzen verwirklicht sein.

Das Nachgeben:

Die zweite sich anschließende Stufe beinhaltet die zunehmende Vervollkommnung des Nachgebens. Meister Chi nennt es das klare Nachgeben (englisch: clear yielding). Jeder Art von ausgeübter Kraft soll rechtzeitig zu den Seiten hin, unter Beibehaltung aller Prinzipien, insbesondere der Haltungsprinzipien, nachgegeben und damit ausgewichen werden. Der Teil oder die Seite des Körpers, die angegriffen wird, soll sofort »leer« werden. In den Klassischen Schriften heißt es dazu: »Wenn der Gegner uns stoßen will, trifft er auf eine unendliche Leere«. Dabei darf der Übende nicht an die Grenze seiner Ausweichmöglichkeiten kommen. d. h. er muß in der Lage sein, auch weiteren Stößen nachzugeben (auszuweichen), um sie so unwirksam zu machen. Dies kann in befriedigender Weise nur geschehen, wenn der Übende eine so große Beweglichkeit, Sanftheit sowie Flexibilität erreicht hat und das Wurzeln und Sinken soweit vervollkommnet sind, daß unser Gegenüber kein Kraftzentrum finden kann.

Das Haften:

Nach vielen Jahren ernsthaften intensiven Übens entwickelt sich das sogenannte Haften. Das Haften bedeutet die Fähigkeit, mit einem oder mehreren Körperteilen oder dem ganzen Körper auf andere Körper oder Gegenstände eine solche Anziehungskraft auszuüben, daß sie haften oder kleben bleiben.[1] Die geistige Konzentration ist Voraussetzung für das Haften, bricht sie ab, wird auch das Haften unterbrochen. Das anfangs meist nur wenig entwickelte Haften wird bei andauernder Übung zunehmend stärker und umfassender.

Das Erreichen dieser Stufe wirkt sich auf verschiedene Weise aus. Es eröffnet eine andere Dimension von Wahrnehmung. Nicht nur die Absichten des Gegenübers, sondern auch sein Entwicklungsstand werden intuitiv wahrgenommen. Die erste Stufe, das Fühlen, vervollkommnet sich somit. Unser Partner wird jetzt, wie es im T'ai Chi Ch'uan heißt, »verstanden«. Das Üben der Partnerübungen bekommt eine andere Qualität. Ein Nachgeben, Ausweichen, bei dem das Haften angewandt wird, ist ohne Unsicherheit. Ein Druck oder Stoß unseres Gegenübers kann mit dem sogenannten »Ausgleichen« beantwortet werden. »Ausgleichen« bedeutet, die Kraft des Gegners so auszugleichen, daß gleichzeitig die bestmögliche Situation für einen Angriff geschaffen wird.

Haften, Fühlen, Verstehen und Ausgleichen werden, da sie über rein körperliche Fähigkeiten hinausgehen, im T'ai Chi Ch'uan als Energiemanifestationen verstanden. So spricht man von der haftenden Energie (englisch: sticking energy), fühlenden Energie (feeling energy), verstehenden Energie (understanding energy), ausgleichenden Energie (balancing energy) u. ä.

Hat der Übende die Stufe des Haftens erlangt, sind seine geistige Kraft und seine Ch'i-Entwicklung in einem Maße gewachsen, daß die Ch'i-Anwendung die Dimension physischen Krafteinsatzes um ein Vielfaches übersteigt. Im Haften zeigt sich eine reale Macht des Geistes über das Physisch-Materielle. (Hier erklärt sich auch der Beiname des T'ai Chi Ch'uan: »Geistesboxen«.) Einem mit Ch'i ausgeführten Stoß, der durch Haften, Fühlen, Verstehen und Ausgleichen vorbereitet ist, hat ein nicht in gleicher Weise Geübter wenig entgegenzusetzen.

Eine der bekanntesten Fähigkeiten im T'ai Chi Ch'uan, die sich aus der Stufe des Haftens ergibt, ist das sogenannte *Entwurzeln* (englisch: uprooting). Es bedeutet, daß ein Gegenüber vom Boden aufgehoben und viele Meter weit weggeschleudert werden kann. Bei einem echten Entwurzeln ist die ausschlaggebende Kraft für das Wegschleudern allein das Ch'i, das durch die beim T'ai Chi Ch'uan übliche, von den Füßen ausgehende, einheitliche Bewegung des Körpers zur Anwendung kommen kann. Auch die Kraft des Unteren Tan T'iens – alle

[1] Meister T. T. Liang berichtet von Chen Hsiu Feng, dem herausragendsten Schüler Yang Lu Ch'ans: Dieser konnte einen schweren Sessel mit flach aufgelegter Hand anheben. Siehe T. T. Liang, *T'ai Chi Ch'uan – For Health and Self-Defense,* Seite 127

Bewegungen werden bei fortgeschrittenem Üben als ein Ausdehnen bzw. Zusammenziehen des Unteren Tan T'iens empfunden – trägt wesentlich zum Entwurzeln bei.

Die Fähigkeiten des Haftens und des Entwurzelns sind Anzeichen dafür, daß der Übende sich auf dem Weg zur Meisterschaft des T'ai Chi Ch'uan befindet.

Das natürliche Abprallen

Die höchste Stufe der Selbstverteidigung beim T'ai Chi Ch'uan ist das sogenannte natürliche Abprallen (englisch: natural rebouncing). Es beinhaltet u. a., daß ein gegen uns geworfener Gegenstand oder eine gegen uns gerichtete Kraft elastisch von uns abprallt. Das Ch'i hat sich in einer Weise verdichtet, daß es einem Netz gleicht, das die Krafteinwirkung auffängt und zurückgibt. Um das natürliche Abprallen zu entwickeln, müssen die vorher genannten Stufen erreicht werden. In höchster Vollkommenheit ist das Abprallen bisher nur von wenigen Meistern erlangt worden.

DIE »GEHEIMNISSE«

In den Klassischen Schriften des T'ai Chi Ch'uan werden die grundlegenden Haltungs- und Bewegungsprinzipien beschrieben. Die sogenannten »Geheimnisse« sind im wesentlichen Ausdeutungen oder Ergänzungen dieser Prinzipien. Durch sie können das Verständnis der Prinzipien vertieft und somit die Ausführung der Übungen verbessert werden. Sehen wir uns einige Beispiele wichtiger Geheimnisse des T'ai Chi Ch'uan an:

Professor Cheng Man-Ch'ing wurde nach dem Grund seines überragenden Könnens im »Push hands« befragt. Er antwortete, daß er die Schultern nicht bewege. Das Nichtbewegen der Schultern ist ein wichtiges Geheimnis des T'ai Chi Ch'uan; es beruht auf dem bekannten Prinzip des Hängenlassens der Schultern. Eine effektive Selbstverteidigung ohne Eigenbewegung der Schultern, wie die Cheng Man-Ch'ings, kennzeichnet eine herausragende Ch'i-Entwicklung und die Verwirklichung des Prinzips der Einheit des Körpers in der Bewegung.

Ein weiteres, wenig bekanntes Geheimnis ist die Kreisbogenförmigkeit der Steißbeinbewegungen. Außer bei den gradlinig vor und zurück verlaufenden Bewegungsabläufen sollen mit dem Steißbein horizontale kreisbogenförmige Bewegungen ausgeführt werden. Durch diese ist eine optimale Körperbewegung gekennzeichnet. In einer guten, auf den Prinzipien aufbauenden Form, bei der der

Körper im Lot gehalten wird, sollte diese Bewegung von sich aus enthalten sein. Das Wissen um dieses Geheimnis ist für den Übenden eine große Hilfe, seine Form zu überprüfen und sich entsprechend zu korrigieren. Die energetischen Wirkungsmöglichkeiten des T'ai Chi Ch'uan können durch sein Befolgen intensiviert werden.

Viele Prinzipien des T'ai Chi Ch'uan gelten zugleich als seine Geheimnisse. Ein Grund dafür mag sein, daß der Wert und die Bedeutung vieler Prinzipien ohne langjähriges Üben verborgen bleibt. Siehe Yang Ch'eng-Fu: »Das größte Geheimnis des T'ai Chi Ch'uan ist das Entspannen«.

Ein weiteres großes Geheimnis des T'ai Chi Ch'uan, das aus der Chen-Stil-Tradition überliefert ist, liegt in den fünf Worten: Voll, Leer, Sinken, Öffnen und Schließen. Die Bedeutung des »Sinkens« und der bewußten klaren Gewichtsverlagerung von »Voll« (Yang) zu »Leer« (Yin) für die Entwicklung und Pflege des Ch'i wurde bereits beschrieben. Im »Öffnen« und »Schließen« sind zwei weitere entscheidende Merkmale eines guten T'ai Chi Ch'uan enthalten. Sie beziehen sich nicht auf die »äußeren«, sich öffnenden und schließenden Arm- und Beinbewegungen, obwohl sie manchmal mit ihnen einhergehen.

»Öffnen« und »Schließen« sind durch die geistige Einstellung geleitete Energiebewegungen. In der gerichteten Bewegung des Vorwärtskommens soll ein sogenanntes »Schließen« (Verdichten und Zusammenbringen von Energie) erfolgen, beim Zurückweichen (Nachgeben) soll ein »Öffnen« (Auflösen des Verdichtens von Energie) stattfinden. Neben dem Üben einer klaren Gewichtsverlagerung wirkt sich das gleichfalls im Yin-Yang-Rhythmus verlaufende »Öffnen« und »Schließen« besonders positiv auf die Entwicklung und Pflege des Ch'i aus. Ihr bewußtes Üben wird allerdings erst dann möglich sein, wenn der Übende Ch'i in einem Maße entwickelt hat, daß er dessen Bewegung wahrnimmt. »Öffnen« und »Schließen« sind unentbehrliche Bestandteile der Selbstverteidigung des T'ai Chi Ch'uan. Erst durch das »Schließen« kann Ch'i gezielt eingesetzt werden; das »Öffnen« ist notwendig, damit dem Angreifenden keine Angriffsmöglichkeiten geboten werden. Ohne das Befolgen dieses 5-teiligen Geheimnisses können höchste Stadien des T'ai Chi Ch'uan nicht erreicht werden.

TECHNIKEN UND «NATÜRLICHER WEG«

Die in den Bewegungsabläufen enthaltenen Selbstverteidigungstechniken kommen in der langsamen fließenden Bewegungsweise des T'ai Chi Ch'uan nur wenig zum Ausdruck. Mit ihnen ist jedoch schon ihrer äußeren Form nach eine effektive Selbstverteidigung möglich. Sie könnten auch mit physischem Krafteinsatz wirksam angewandt werden.

Beim T'ai Chi Ch'uan finden sich Techniken, die denen anderer Kampfkünste äußerlich ähnlich sind. T'ai Chi Ch'uan (insbesondere der Yang-Stil) zeichnet sich jedoch dadurch aus, daß seine Techniken zugleich an optimalen Körperbewegungen ausgerichtet sind (siehe auch das Kapitel: »Gedanken zum Üben«).

T'ai Chi Ch'uan unterscheidet sich von anderen Selbstverteidigungsdisziplinen auch durch den »inneren« Energieaspekt seiner Techniken. Die z. B. in einer Technik enthaltenen drehenden oder hebenden Bewegungen füllen sich bei kontinuierlichem Üben gleichsam mit Ch'i, das entsprechend als drehendes oder hebendes Ch'i bezeichnet wird. Die Grundlage für die Selbstverteidigung des T'ai Chi Ch'uan wird jedoch nicht durch die Beherrschung von Kampftechniken gelegt, sondern durch das Wiedererlangen der umfassenden Natürlichkeit des Menschen – einer Natürlichkeit, die in einem optimalen Zustand des körperlichen und feinstofflichen Wesensbereichs des Menschen zu finden ist. Alle Prinzipien des T'ai Chi Ch'uan sind an diesem »natürlichen Weg« ausgerichtet. Obwohl dieser Weg mit dem Üben von Techniken verknüpft ist, führt er doch weit über eine Beherrschung von Techniken hinaus. Intuition, Schnelligkeit, Reaktionsvermögen und das auf verschiedenste Weise anwendbare Ch'i wachsen in einer Weise, daß der Übende unabhängig von der Anwendung von Techniken reagieren kann (siehe Cheng Man Ch'ing: »Ich habe keine Technik«).

Höchste Stadien der Selbstverteidigung beim T'ai Chi Ch'uan können ohne den geistigen Weg, der eng mit Loslassen, Nachgeben (Folgen) und dem Bemühen um Sanftheit verbunden ist, nicht erlangt werden.

XI Die zehn grundlegenden Punkte des T'ai Chi Ch'uan

Erläutert von Yang Cheng-fu,
aufgezeichnet von Ch'en-Wei-ming

1. *Der Kopf ist unbelastet und belebt.* Was den Kopf betrifft, so soll er gerade gehalten werden, damit die Lebensenergie bis zur Kopfdecke durchdringt. Man darf dazu keine Kraft anwenden. Bei Kraftanwendung wird der Hals steif, Ch'i und Blut können nicht gut zirkulieren. Deshalb bedeutet der Spruch »unbelasteter und belebter Kopf« eine natürliche Kopfhaltung. Ist die Kopfdecke belastet und unbelebt, heißt das, daß die körperliche Grundenergie (aus der Nebennierengegend) nicht von selbst aufsteigen kann.

2. *Der Brustkorb sinkt etwas ein und der Rücken ist gerade.* »Der Brustkorb sinkt etwas ein« bedeutet eine einfache und ungezwungene Haltung des Brustkorbes, damit das Ch'i in den Tan-t'ien-Punkt hineinsinken kann. Wölbt man den Brustkorb nach vorne, dann kommt dort das Ch'i in Stockung: oben im Körper wird es schwer, unten wird es leicht, und die Füße fangen zu schweben an. Der »gerade Rücken« bedeutet, daß das Ch'i am Rücken entlangläuft. Ist die Brust leicht eingesunken, wird der Rücken automatisch gerade und die Kraft fließt in unvergleichlicher Art entlang der Wirbelsäule.

3. *Lockeres Kreuz.* Das Kreuz ist der Herrscher im ganzen Körper. Ist das Kreuz locker, dann sind die Beine mit Kraft versehen und sind auch bei Bewegungen nach unten (d. h. beim Hocken) fest. Die Wechselbeziehung von Belastung und Entlastung führt zu einem Rotieren im Kreuz. Deshalb wurde gesagt: »Veranlasse die Aufmerksamkeit, vom Kopf zum Kreuz herunterzukommen. Ist sie da, dann muß man sie nicht bis zu den Beinen führen (d. h. sie geht von selbst dahin).«

4. *Verteilung von Entlastung und Belastung.* Entlastung und Belastung haben eine erstrangige Bedeutung in der Kunst des T'ai Chi Ch'uan. Wenn der ganze Körper auf dem rechten Bein ruht, dann ist das rechte Bein belastet und das linke Bein unbelastet (leer); ruht das ganze Körpergewicht auf dem linken Bein, dann ist das linke Bein belastet (voll) und das rechte Bein wird unbelastet (leer). Wird Entlastung und Belastung geteilt, dann wird die Drehung leicht und belebt: man braucht dazu dann überhaupt keine

四、分虛實　太極拳術以分虛實爲第一義，如全身皆坐在右腿，則右腿爲實，左腿爲虛；全身皆坐在左腿，則左腿爲實，右腿爲虛。虛實能分而後轉動輕靈，毫不費力；如不能分，則邁步重滯，自立不穩，而易爲人所牽動。

三、鬆腰　腰爲一身之主宰，能鬆腰然後兩足有力，下盤穩固；虛實變化皆由腰轉動，故曰：「命意源頭在腰隙」，有不得力必於腰腿求之也。

二、含胸拔背　含胸者，胸略內涵，使氣沉於丹田也。胸忌挺出，挺出則氣擁胸際上重下輕，腳跟易於浮起。拔背者，氣貼於背也，能含胸則自能拔背，能拔背則能力由脊發，所向無敵也。

一、虛靈頂勁　頂勁者，頭容正直，神貫於頂也。不可用力，用力則項強，氣血不能流通，須有虛靈自然之意。非有虛靈頂勁，則精神不能提起也。

太極拳十要

楊澄甫口述　陳微明筆錄　黎明風敬書

Die Abbildungen Seiten 94, 96, 98 sind die Kalligraphien zu den 10 grundlegenden Punkten des T'ai Chi Ch'uan, erläutert von Yang Cheng-Fu.

Kraftanwendung. Sind Entlastung und Belastung nicht gut verteilt, werden die Schritte schwer und stockend: sie werden dann nicht von selbst fest, und der Körper kann leicht aus dem Gleichgewicht gebracht werden.

5. *Herabgesunkene Schultern und hängende Ellenbogen.* »Herabgesunkene Schultern« bedeutet, daß die Schultern locker sind und unter ihrem eigenen Gewicht herabhängen. Sind die Schultern nicht locker gesenkt, dann werden sie hochgezogen. Dementsprechend steigt dann auch das Ch'i aufwärts, und so wird nicht der ganze Körper mit Kraft versehen (sondern nur ein Teil von ihm). »Hängende Ellenbogen« bedeutet, daß die Ellenbogen locker sind. Lockert man nicht die Schultern von weitem (d.h. vom Ellenbogen aus), so wird die Kraft im Schulterbereich unterbrochen. Das ist dilettantisch.

6. *Aufmerksamkeit, nicht Kraft soll angewendet werden.* Das Traktat über T'ai-chi-ch'uan sagt: »In dieser Kunst braucht der Körper Aufmerksamkeit (awareness) und keine Kraftanwendung«. Der Übende läßt seinen ganzen Körper locker, nicht einmal die geringste »armselige Kraft« wird angewandt. Durch Kraftanwendung werden nämlich Sehnen, Knochen und Blutgefäße zusammengeschnürt. Und das geschieht automatisch. Ist keine Kraftanwendung vorhanden, dann sind die Änderungen in den Bewegungen leicht und belebt und von sich aus kreisförmig. Oder habt ihr Zweifel, daß ihr ohne Kraftanwendung Kräfte vermehren könnt? Der ganze Körper besitzt Energieverlaufsbahnen und Querverbindungen, genauso wie Wassergräben in einem Feld; sind die Wassergräben nicht verstopft, dann fließt das Wasser durch. Ähnlicherweise kann das Ch'i in den Energieverlaufsbahnen und Querverbindungen zirkulieren, wenn sie nicht verschlossen sind. Kommen Ch'i und Blut in Stockung, werden die Bewegungen nicht mehr belebt und man kann den ganzen Körper mit einem Härchen aus dem Gleichgewicht bringen. Wenn wir sagen, man braucht keine Kraftanwendung, sondern Aufmerksamkeit, bedeutet das, daß Ch'i der Aufmerksamkeit folgt. Dann zirkulieren Ch'i und Blut gut: sie durchdringen jederzeit den ganzen Körper und es entsteht keine Stockung. Diejenigen, die lange üben, erlangen diese innere Kraft. Deshalb heißt es weiterhin im Traktat von T'ai-chi-ch'uan: »Die Pole sind sanft und weich, und dann werden sie kräftig und stählern.« Jene, die T'ai-chi-ch'uan regelmäßig üben, haben Arme, als ob man Eisen in Watte gewickelt hätte; ihre Kraftverteilung sinkt in die Polaritäten. Die dilettantisch Übenden verwenden viel Kraft und haben

七、上下相隨　上下相隨者，即太極拳論中所云：「其根在腳，發於腿，主宰於腰，形於手指，由腳而腿而腰，總須完整一氣」也。手動、腰動、足動，眼神亦隨之動，如是方可謂之上下相隨，有一不動，即散亂也。

六、用意不用力　太極拳論云：「此全是用意不用力」。練太極拳全身鬆開，不使有分毫之拙勁，以留滯於筋骨血脈之間以自縛束，然後能輕靈變化，圓轉自如。或疑不用力何以能長力？蓋人身之有經絡，如地之有溝洫，溝洫不塞而水行，經絡不閉則氣通。如渾身僵勁滿經絡，氣血停滯轉動不靈，牽一髮而全身動矣。若不用力而用意，意之所至，氣即至焉，如是氣血流注，日日貫輸，周流全身，無時停滯。久久練習，則得真正內勁，即太極柔軟，然後極堅剛」也。太極拳功夫純熟之人，臂膊如綿裹鐵，分量極沉；練外家拳者，用力則顯有力，不用力時，則甚輕浮，可見其力乃外勁浮面之勁也。不用意而用力，最易引動，不足尚也。

五、沉肩墜肘　沉肩者，肩鬆開下垂也。若不能鬆垂，兩肩端起，則氣亦隨之而上，全身皆不得力矣。墜肘者，肘往下鬆墜之意，肘若懸起，則肩不能沉，放人不遠，近於外家之斷勁矣。

nur anscheinend Kraft. Und wenn sie keine Kraft anwenden, werden sie schwach und schwebend. Daraus kann man sehen, daß ihre Kraftanwendung nur oberflächlich und äußerlich war. Es ist die leichteste Art sich so zu bewegen, daß man ohne Aufmerksamkeit nur Kraft anwendet. Es geht aber nur für eine kurze Zeit.

7. *Das Obere und das Untere folgen sich koordiniert.* Über diese Koordination wird im Traktat über T'ai-chi-ch'uan folgendes gesagt: »Die Wurzel ist in den Füßen, dann geht sie zu den Beinen, beherrscht das Kreuz und erscheint in den Händen und Fingern. Deshalb werden Füße, Beine, Kreuz usw. notwendigerweise mit Ch'i versehen.« Bewegen sich die Hände, dann bewegt sich auch das Kreuz, damit bewegen sich auch die Füße und die Augen folgen der Bewegung. Deshalb kann man sagen, daß Oben und Unten koordiniert werden. Ist ein Teil, der sich nicht bewegt, wird der ganze Bewegungsablauf unkoordiniert und kommt durcheinander.

8. *Inneres und Äußeres sind gegenseitig verbunden.* T'ai-chi-ch'uan wird mit der Geisteshaltung geübt. Deshalb wird gesagt: »Der Geist ist der führende Befehlshaber, der Körper ist der ausführende Bote.« Wenn die Geistesenergie gut da ist, dann sind die Bewegungen natürlich, leicht und belebt. Die Körperhaltung wird nicht von außen her entlastet und belastet, und die Bewegungen werden nicht von außen her geöffnet oder geschlossen. Das sogenannte »Öffnen« bedeutet nicht nur, daß Hände oder Füße auseinandergebracht werden, sondern auch in der Geisteshaltung muß dieses Öffnen stattfinden; das »Schließen« (Zusammenbringen) bedeutet nicht nur, daß Hände und Füße zusammenkommen, sondern auch in der Geisteshaltung muß dieses Schließen geschehen. Dadurch, daß Außen und Innen zusammentreffen, entsteht Ch'i und beide werden eine integrierte Einheit.

9. *Ständige Verbindung ohne Unterbrechung.* Im dilettantischen T'ai-chi'ch'uan ist zwar Kraft, aber dadurch wird man angespannt. D. h. was aufsteigt, wird gestoppt, was weitergeführt werden sollte, wird unterbrochen, die alte Kraft erschöpft sich, neue Kraft entsteht nicht. Deshalb kann man einen solchen Übenden am leichtesten bezwingen. Zum T'ai-chi braucht man Aufmerksamkeit und keine Kraftanwendung. Dann fließt die Kraft von Anfang bis Ende ununterbrochen weiter, kehrt zurück und beginnt wieder und zirkuliert ohne Erschöpfung. Deshalb sagt das bereits erwähnte Traktat: »Wie der große Fluß Yang-tze nie aufhört weiterzuströmen«. Und wiederum: »Es läuft weiter, wie ein

十、動中求靜　外家拳術，以跳躑為能，用盡氣力，故練習之後，無不喘氣者。太極拳以靜御動，雖動猶靜，故練架子愈慢愈好。慢則呼吸深長，氣沉丹田，自無血脉僨張之弊。學者細心體會，庶可得其意焉。

九、相連不斷　外家拳術，其勁乃後天之拙勁，故有起有止，有續有斷，舊力已盡，新力未生，此時最易為人所乘。太極拳用意不用力，自始至終，綿綿不斷，周而復始，循環無窮。原論所謂「如長江大河，滔滔不絕」，又曰「運勁如抽絲」，皆言其貫串一氣也。

八、內外相合　太極拳所練在神，故云：「神為主帥，身為軀使」。精神能提得起，自然舉動輕靈。架子不外虛實開合。所謂開者，不但手足開，心意亦與之俱開，所謂合者，不但手足合，心意亦與之俱合，能內外合為一氣，則渾然無間矣。

gespulter Seidenfaden«. Diese Ausdrücke bezeichnen, daß das Ch'i durch Kontinuität zusammengeflochten wird.

10. *Habe Ruhe in der Bewegung.* Beim dilettantischen T'ai-chi hopst der Übende herum; er verausgabt sich und schnappt am Ende nach Luft. Das echte T'ai-chi-ch'uan wird so geübt, daß der Übende, obwohl er in Bewegung ist, in völliger Ruhe bleibt. Dann werden die Bewegungen langsam und besser. »Langsam« bedeutet, daß die Aus- und Einatmungen tief und lang werden und das Ch'i in den Tan-t'ien-Punkt heruntersinkt. Auf diese Weise bleiben die Blutgefäße wie von selbst ungeschädigt und es tritt keine Ermüdung auf. Der Schüler sollte all dies beherzigen und die Bedeutung dieser Unterweisung erfassen.

Aus dem Chinesischen übertragen
von Stephan und Monnica Pálos

XII Das Üben der dreizehn grundlegenden Stellungen (Methoden) von Wu Yu-Hsiang[1]

Wenn das Stadium erreicht ist, in dem das Ch'i ohne Anstrengung, allein geistig bewegt werden kann, sammelt es sich in den Knochen.

Wenn das Stadium erreicht ist, in dem das Ch'i den Körper ungehindert bewegen kann, ist der Körper dienstbar geworden und gehorcht dem Willen.

Ist Shen[2] geweckt, braucht sich der Übende um Schwerfälligkeit und Unbeholfenheit nicht mehr zu sorgen. Er hat dann das Gefühl, von oben her am Scheitelpunkt des Kopfes gehalten zu sein.

Wenn das Ch'i dem Willen (Geist) gehorcht, wird es beweglich. Daraus ergibt sich Gewandtheit. Die Bewegung des Ch'i und die Gewandtheit werden auch durch den Wechsel von voll (yang) zu leer (yin) erlangt.

Beim Einsatz der Energie soll der Übende ruhig und entspannt sein und sich jeweils in eine Richtung konzentrieren.

Der Rumpf soll aufrecht, ausgewogen zentriert und angenehm entspannt sein, so daß der Übende Einwirkungen aus allen Richtungen begegnen kann.

Bei der Bewegung bzw. Lenkung des Ch'i wird auch das kleinste Teilchen des Körpers von Ch'i durchdrungen.

Damit das Ch'i zur Anwendung kommen kann, muß eine Flexibilität erreicht sein, die der einer kostbaren Schwertklinge gleicht. Sie ist beweglich und kann trotzdem das Harte in der Welt zerteilen.

---

[1] Wu Yu-Hsiang (1812–1880) war ein Schüler von Chen Ching-Ping. Auch der von ihm entwickelte Stil wird Wu-Stil genannt. Der neuere Wu-Stil benannt nach Wu Ch'ien-Ch'uan (1870–1942) ist jedoch weiter verbreitet.

[2] deutsch: Geist, englisch: spirit

Sei wachsam wie ein Falke, der dabei ist, auf seine Beute herabzustoßen. Die Konzentration sollte so ausschließlich sein wie die einer Katze auf Mäusefang.

In Ruhe gleiche man einem Berg, in Bewegung dem Lauf eines großen Flusses.

Das Ansammeln des Ch'i gleicht dem Spannen eines Bogens, das Einsetzen der Energie dem Abschießen eines Pfeils.

Suche das Gerade im Kreisförmigen.

Vor dem Anwenden der Energie muß ein Sammeln der Energie erfolgen.

Die Kraft geht von der Wirbelsäule aus.

Die Schritte ergeben sich aus den Wendungen des Rumpfes.

Das Zurückweichen (Nachgeben, Neutralisieren) muß das Bereitsein zum Vorwärtsgehen (Angreifen) enthalten.
Im Vorwärtsgehen (Angreifen) muß die Möglichkeit des Zurückweichens (Nachgeben, Neutralisieren) enthalten sein.

Auch bei einer Unterbrechung der Bewegung wird die geistige Aufmerksamkeit beibehalten. So gibt es keine wirkliche Unterbrechung.

Im hin und her der Bewegungen gibt es Richtungsänderungen, Wechsel und Drehungen.

Durch äußerste Biegsamkeit und Geschmeidigkeit wird größtmögliche Standfestigkeit und Härte erlangt.

Durch die Regulierung des Atems wird der Körper leicht und beweglich. Wenn das Ch'i bzw. der Atem auf natürliche Weise gepflegt und ernährt wird, gibt es keine schädigenden Nebenwirkungen.

Wenn das Ch'i einem Kreisbogen folgend angesammelt wird, dann ist es im Überfluß vorhanden.

Der Geist führt. Das Ch'i ist das Banner, die Hüften der Mast.

Die Übung bewirkt zuerst eine Dehnung und Entfaltung des Körpers. Das Dehnen macht später das Zusammenziehen und damit das Sammeln der Energie möglich. So können die Bewegungen ins Fließen kommen und so kann das Üben vervollkommnet werden.

Der Bauchbereich soll sanft und entspannt sein; der Körper ruhig, der Geist friedvoll sein.

Die geistige Aufmerksamkeit (Wachsamkeit) darf nicht unterbrochen werden. Sie steht an erster Stelle. Die Körperbewegung wird begleitend wahrgenommen.

Jede Handlung ist mit allen Handlungen verknüpft; die Ruhe eines Teils bedeutet die Ruhe des Ganzen.

Im Innern ist geistige Festigkeit, nach außen gemächliche Ruhe.

Gehe wie eine Katze.

Bei der Pflege des Ch'i sollte man wie beim Aufspulen eines Seidenfadens vorgehen.

Der Übende soll sich nicht auf den Atem konzentrieren. Das führt zu Stockungen. Bei der Konzentration auf den Atem kann das Ch'i nicht zur Anwendung kommen.

Auf der höchsten Stufe verbinden sich gleichsam Ch'i und Geist. Ch'i kann nun augenblicklich geistig bewegt werden. Auf der höchsten Stufe gleicht die geistige Kraft Donner und Blitz. Die höchste Stufe wird auch geistige Erleuchtung genannt. Sie kann durch T'ai Chi Ch'uan erlangt werden.

Das Ch'i ist wie das Rad. Die Hüften (Beckengürtel) sind wie die Achse.

Wenn unser Gegenüber sich nicht bewegt, bewegen wir uns auch nicht. Bei der kleinsten Bewegung des anderen, bewegen wir uns schneller als er.

Im lockeren und entspannten Einsatz des Ch'i ist doch Festigkeit und Spannung enthalten.

Das Ch'i erschöpft sich nicht in der Anwendung.

XIII Gedanken zum Üben[1]

Übungszeit

T'ai Chi Ch'uan wird aus verschiedenen Interessen und Beweggründen geübt. Die meisten Menschen praktizieren T'ai Chi Ch'uan, um etwas für ihr Wohlbefinden zu tun, ihre Gesundheit zu erhalten oder zu verbessern, beweglich zu bleiben oder zu werden, zu entspannen u. ä. Zu dieser Gruppe sind auch die Menschen zu zählen, die T'ai Chi Ch'uan als Ausgleich um der Bewegung willen neben einer Meditation üben. Für all diese werden die bekannten, oft genannten 20 Minuten täglicher Übung befriedigende Ergebnisse bringen.[2] Allerdings beziehen sich die 20 Minuten auf das Üben der Einzelübung (Kurzform oder Lange Form). Vorbereitende Übungen (siehe im folgenden) sollten zusätzlich geübt werden.

Je länger und intensiver täglich geübt wird, desto umfassender und anhaltender wird das körperliche und geistig-seelische Wohlbefinden sein.

Wer sich im Weg des T'ai Chi Ch'uan vervollkommnen will, für den ist ein intensiveres, wenigstens 2–3stündiges, möglichst tägliches Üben[3] eines erprobten, sich mit den Prinzipien in Einklang befindlichen Stils und regelmäßige Unterweisung und Korrektur durch einen guten Lehrer erforderlich. Ein guter Lehrer ist daran zu erkennen, daß er den Schüler einfach, offen und direkt zur Erfüllung der Prinzipien führt.

SCHWIERIGKEITEN, REGELMÄSSIG ZU ÜBEN

Manchen Menschen fällt es außerordentlich schwer, regelmäßig täglich zu üben, auch wenn sie sich aller guten Wirkungen der Übung bewußt sind. In diesem Falle sollte man sich langsam an das Üben gewöhnen und mit einigen Minuten täglicher Übung beginnen und dann über Monate hinweg die Übungszeit schrittweise erhöhen. Das

---

[1] Allgemeine Grundregeln zum Üben siehe Kobayashi, »T'ai Chi Ch'uan-Handbuch zum Selbststudium«

[2] Es versteht sich, daß die tägliche Übungszeit höher anzusetzen ist, wenn T'ai Chi Ch'uan aus schwerwiegenden gesundheitlichen Gründen geübt wird.

[3] Die tägliche Übung wird empfohlen, um die Pflege und Entwicklung des Ch'i nicht zu unterbrechen.

empfohlene Üben zu einer bestimmten Tageszeit, z. B. gleich morgens nach dem Aufstehen, kann dabei sehr hilfreich sein.

Auch Übende, die Jahre T'ai Chi Ch'uan praktizieren und sehr intensiv üben, werden immer wieder Phasen haben, in denen sie weniger üben. Ein Grund hierfür kann die ausgleichende und harmonisierende Wirkung der Übungen sein, durch die seelische Prozesse in Gang gebracht werden. Diese müssen bewußt oder unbewußt erst verarbeitet werden, bevor man weiter fortschreiten kann.

HALTUNGSFEHLER

Auch schwere Haltungsfehler, die so verfestigt sind, daß eine gerade Haltung der Wirbelsäule vielleicht nie möglich sein wird, sollten uns nicht dazu veranlassen, die Übung als nicht gewinnbringend anzusehen. Auch ohne die gerade Haltung der Wirbelsäule wird das Üben des T'ai Chi Ch'uan wegen seiner vielfältigen Wirkungsweisen positive Ergebnisse zeigen. Das Fehlen der geraden Haltung der Wirbelsäule kann durch intensives Üben des T'ai Chi Ch'uan ausgeglichen werden. Das Loslassen (Entspannen), die Sanftheit, die Art der Bewegung, die geistige Sammlung, die Vertiefung der Atmung und die Gewichtsverlagerung von Yang zu Yin bewirken so starke Ch'i-Entwicklungen, daß auch ohne eine vollkommen gerade Haltung der Wirbelsäule höchste Stadien des T'ai Chi Ch'uan erlangt werden können.

BEWEGUNGSWEISE

Es ist oft ein T'ai Chi Ch'uan zu sehen, das mechanisch (fast roboterhaft), gleichförmig, passiv ausgeführt wird.

Das ist nicht die richtige Bewegungsweise. Beim richtigen T'ai Chi Ch'uan ist im Flusse der Bewegung von voll zu leer bei aller Stetigkeit und Gleichmäßigkeit eine besondere aktive Lebendigkeit enthalten, in der auch die Aufmerksamkeit und der wache Geist des Übenden transparent werden.

T'AI CHI CH'UAN IM ALTER

T'ai Chi Ch'uan ist wegen seiner umfassend ganzheitlichen Wirkungsweise für den alten Menschen besonders geeignet. Da die Übungen des T'ai Chi Ch'uan, speziell des Yang-Stils, verhältnismäßig einfach auszuführen sind, haben erfahrungsgemäß auch alte Menschen keine besonderen Schwierigkeiten, T'ai Chi Ch'uan zu erlernen.

In China wird T'ai Chi Ch'uan oft erst im Alter begonnen, um Alterserscheinungen entgegenzuwirken.

T'AI CHI CH'UAN UND ANDERE MEDITATIONSTECHNIKEN

Für den westlichen meditierenden Menschen bietet sich, wenn eine Bewegung als Ausgleich gewünscht wird, T'ai Chi Ch'uan an, da es anders als westliche Sport- und Gymnastikarten, eine Vertiefung der Meditation in jeder Hinsicht fördert. Viele Schmerzen, die sich aus einem Sitzen mit verkrampften und verspannten Körpern in den üblichen Meditationshaltungen ergeben, können sich durch das Üben des T'ai Chi Ch'uan vermeiden lassen. Umgekehrt ist das Meditieren im Sitzen durch die dabei hervorgerufene starke Zentrierung und Sammlung der Energie der Vertiefung des T'ai Chi Ch'uan zuträglich.

Anhänger von Glaubensrichtungen, die keine meditativen Übungen haben, die den Körper einbeziehen, können durch das Üben des T'ai Chi Ch'uan (Öffnung der natürlichen Spiritualität) eine Vertiefung ihres Glaubens erfahren. Hier lassen sich Parallelen zwischen T'ai Chi Ch'uan und der Zen-Meditation ziehen. Letztere wird z. B. als Übung für den Christen zur Glaubensstärkung und Vertiefung des Gebetes herangezogen.[1] Das Üben des T'ai Chi Ch'uan erfordert keine Annahme der taoistischen Weltanschauung; T'ai Chi Ch'uan kann allein als Übungsweg benutzt werden.

Viele Menschen im Westen, die an ihrer spirituellen Entwicklung arbeiten wollen, seien sie geistig im Buddhismus, Hinduismus, Sufismus oder Christentum beheimatet, üben auch T'ai Chi Ch'uan.

DIE BEDEUTUNG DER PRINZIPIEN FÜR DIE GESTALTUNG UND DIE AUSFÜHRUNG DER BEWEGUNGSABLÄUFE

Die Größe eines Stils kann daran gemessen werden, inwieweit die Bewegungen des Körpers umfassend ausgewogen reglementiert sind und inwieweit dabei sowohl höchste Selbstverteidigungstechniken zur Geltung kommen, als auch optimale ganzheitliche (körperliche und geistig-seelische) Wirkungen erzielt werden.

Das kann auf verschiedene Weise (Stilarten) geschehen. Beim Yang-Stil ergibt sich die ausgewogene Bewegung des Körpers aus den Grundschritten (Parallelstand, Bogenschritt mit Variationen, T-Schritt, Schritt des fischenden Pferdes) und den zu den einzelnen Bewegungs-

[1] Pater Enomiya-Lassalle, *Zen unter Christen*, Seite 13

abläufen gehörenden Armbewegungen. Aus den Grundschritten ergibt sich die Bewegung des Unterkörpers und des Rumpfes (Muskeln, Sehnen, Bänder, Fuß-, Knie- und Hüftgelenke). Aus der besonderen Koordination der Arme mit den Rumpfbewegungen ergibt sich die Bewegung des Oberkörpers (Muskeln, Sehnen, Bänder, Hand-, Ellenbogen- und Schultergelenke). Jede Bewegung ist wie bei allen großen Stilen eindeutig festgelegt.

Die bekannten Wirkungen des T'ai Chi Ch'uan ergeben sich im wesentlichen aus der Übung der Bewegungsabläufe. Je weniger die Gestaltung der Bewegungsfolgen an den Prinzipien ausgerichtet ist (verwässerte Stile) und je weniger sich die Ausführung der Übungen in Einklang mit den Prinzipien befindet, desto begrenzter sind die Wirkungsmöglichkeiten der Übung im Sinne des T'ai Chi Ch'uan.

Bewegungsfolgen, bei denen z. B. die Beinarbeit vernachlässigt wird oder die jedes mal anders ausgeführt werden, kennzeichnen einen verwässerten Stil oder die mangelhafte Ausführung eines Stils.

Die Vielfalt der Bewegungsabläufe ermöglicht die Bewegung des gesamten Körpers. Eine Beschränkung auf nur wenige oder nur einen Bewegungsablauf würde die Wirkungsmöglichkeit des T'ai Chi Ch'uan entsprechend begrenzen.

T'ai Chi Ch'uan ist durch seine Prinzipien als Übungssystem bestimmt. Im Einklang mit den Prinzipien ist jedoch eine große Anzahl von Formgestaltungen möglich. Wenn Formentwicklungen sich von den Prinzipien entfernen, sie außeracht lassen oder andere Bewegungsweisen mit einbeziehen, dann sollte für diese Entwicklungen besser ein anderer Name gefunden werden. Eine Bewegungsweise, die von allen Prinzipien des T'ai Chi Ch'uan nur dem Prinzip der fließenden Bewegung folgt, ist deshalb noch kein T'ai Chi Ch'uan.

Je mehr wir beim Üben von unseren eigenen Bewegungsgewohnheiten »loslassen« können, desto größer wird in jeder Hinsicht der Gewinn sein. »Sein eigenes T'ai Chi Ch'uan finden« ist ein Wort, das oft mißverstanden wird. Mit ihm ist nicht gemeint, daß wir uns nach eigenem Ermessen, dem T'ai Chi Ch'uan ähnlich, sanft und entspannt bewegen sollen. Das ist in der Regel kein T'ai Chi Ch'uan mehr. Unsere Bewegungsmuster sind meist so verfestigt, daß sie erst durch Jahre intensiven Übens des T'ai Chi Ch'uan wieder natürlich werden. Ein »freies T'ai Chi Ch'uan« bedeutet deshalb im wesentlichen ein Beibehalten gewohnter Bewegungsmuster, in denen wenig Entwicklungsmöglichkeiten im Sinne des T'ai Chi Ch'uan enthalten sind.[1]

---

[1] Es ist sicher nichts dagegen einzuwenden, daß dem T'ai Chi Ch'uan ähnliche, sanfte fließende Bewegungen, z. B. als tänzerisches Ausdrucksmittel verwandt werden, nur wäre es verfehlt, diese Bewegungen als »T'ai Chi Ch'uan« zu sehen.

Die Form des T'ai Chi Ch'uan ist das Werkzeug oder das Hilfsmittel, mit dem wir an uns arbeiten. Erst wenn wir uns ganz auf sie »einlassen« können, werden wir unser eigenes T'ai Chi Ch'uan finden. Das eigene T'ai Chi Ch'uan bedeutet nicht eine Abänderung der Bewegungsabläufe, sondern die persönliche Färbung des T'ai Chi Ch'uan, die sich auf natürliche Weise aus unseren individuellen Unterschieden ergibt. In der Ausrichtung auf das Ideal des T'ai Chi Ch'uan bleibt das eigene T'ai Chi Ch'uan immer entwicklungsfähig.

Die verantwortungsbewußte Schöpfung eigener T'ai-Chi-Ch'uan-Bewegungen ist nicht ausgeschlossen. Sie erfordert allerdings das Erlangen höchster Stadien des T'ai Chi Ch'uan, eine Kenntnis der Stilrichtungen des T'ai Chi Ch'uan, anderer Selbstverteidigungssysteme wie Hsing I und Pa Kua, ein Lernen von anerkannten Meistern des T'ai Chi Ch'uan und vieles mehr.

XIV Die Vorbereitenden Übungen

Die Vorbereitenden Übungen sind Bestandteil des T'ai Chi Ch'uan. Die tägliche Übung wird meist mit den Vorbereitenden Übungen eingeleitet. Die Vorbereitenden Übungen basieren auf Einzelelementen der Form (z. B. das Schwingen im Bogenschritt, das Schwingen im Parallelstand), Drehbewegungen in den Gelenken, Streck- und Beugeübungen. Letztere finden sich in ähnlicher Form auch bei den westlichen Übungssystemen (Gymnastik, Sport). Die Vorbereitenden Übungen des T'ai Chi Ch'uan unterscheiden sich von ihnen jedoch in der Art der Ausführung. Sie werden in der gleichen Weise und mit der gleichen Aufmerksamkeit wie die Form (Einzelübung: Kurzform und Lange Form) geübt, harte dynamische Bewegungen werden vermieden.

Das Zen-Stehen (siehe im folgenden) ist eine alte chinesische Übung, die in China weit verbreitet ist und auch ins T'ai Chi Ch'uan mit einbezogen ist.

Die Vorbereitenden Übungen helfen zu entspannen, den Körper zu lockern (»öffnen«) und unterstützen die Zirkulation und Ansammlung des Ch'i. Sie können mit Gewinn auch allein geübt werden. Wenn erst ein kleiner Teil der Form beherrscht wird, kann längere Zeit auf die Vorbereitenden Übungen verwandt werden.

Im folgenden werden einige der bekanntesten Vorbereitenden Übungen vorgestellt.

Übungshilfe:

Die Übungen sollen sanft, fließend und entspannt ausgeführt werden. Ein forciertes Einnehmen der Positionen ist nicht im Sinne des T'ai Chi Ch'uan. Die bei den Einzelübungen empfohlene Rumpfhaltung gilt auch für die Vorbereitenden Übungen (ausgenommen die Beugeübungen). Die Fußdiagramme unter den Fotos geben die Dynamik der Gewichtsverlagerung an. Die Hüftdiagramme sind als zusätzliche Hilfe gedacht, die Bewegungsabläufe zu verdeutlichen – die Drehung der Hüften bedeutet die Drehung des Rumpfes (Prinzip der Einheit des Körpers in der Bewegung).

Ein Üben in der hier angegebenen Reihenfolge ist sinnvoll. Ist nur wenig Zeit vorhanden, können auch einzelne Übungen ausgewählt werden.

1. Die meisten der hier dargestellten Vorbereitenden Übungen werden im Bogenschritt bzw. Parallelstand[1] ausgeführt:

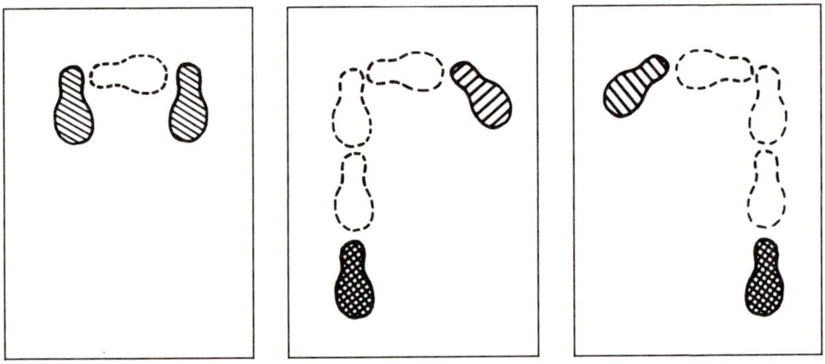

Parallelstand (die Füße stehen etwa in Schulterbreite) — rechter / linker Bogenschritt

Auf ein korrektes Einnehmen des Bogenschrittes sollte unbedingt geachtet werden, da sonst die Wirkungsmöglichkeiten der Übungen eingeschränkt werden.

2. Die Fußdiagramme unter den Fotos zeigen die Dynamik der Gewichtsverlagerung:

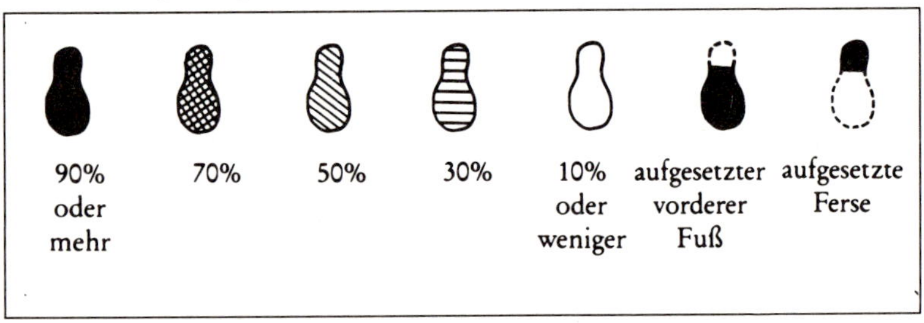

3. Die Hüftdiagramme sind als zusätzliche Hilfe gedacht, den Bewegungsablauf zu verdeutlichen. Die Stellung der Hüften entspricht immer der des ganzen Rumpfes.

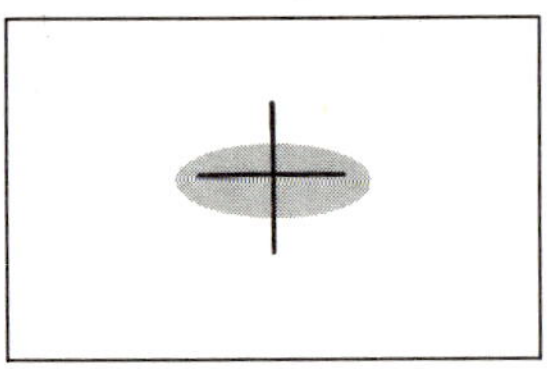

4. Die Pfeile zeigen den Bewegungsablauf bis zum folgenden Foto.

[1] Der Bogenschritt, der Parallelstand, der Schritt des fischenden Pferdes und der T-Schritt sind die vier Grundschritte des T'ai Chi Ch'uan.

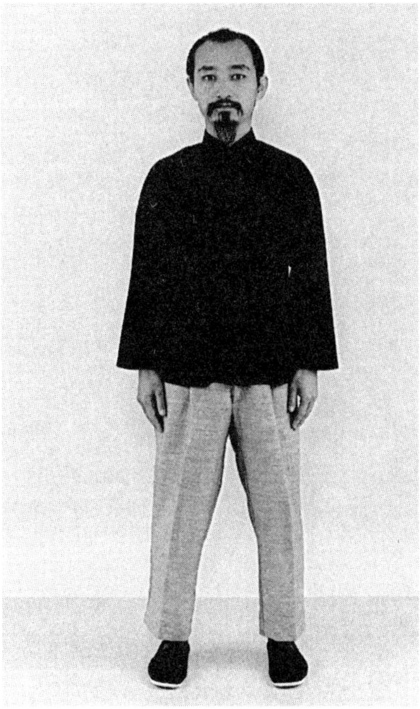

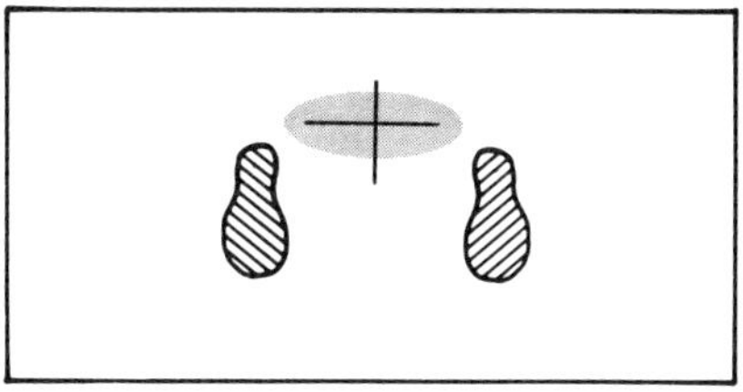

1. Übungen zur Lockerung der Gelenke

Jede Übung sollte, wenn nicht anders angegeben, wenigstens 3–6mal wiederholt werden; ist Zeit vorhanden auch öfter.

a) Kopfkreisen (o. Abb.)

Die Füße stehen parallel etwa in Schulterbreite, das Gewicht ist gleichmäßig auf sie verteilt.
Den Kopf locker hängend kreisen lassen (erst nach rechts, dann nach links).

b) Schulterkreisen (o. Abb.)

Die Schultern kreisen lassen, die Arme dabei locker hängen lassen (nach hinten und nach vorn).

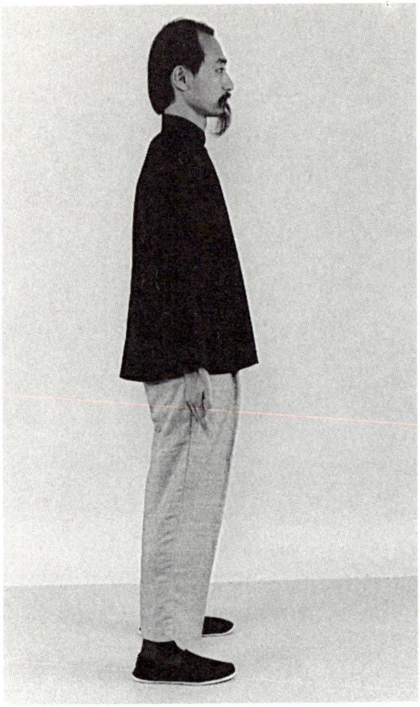
1

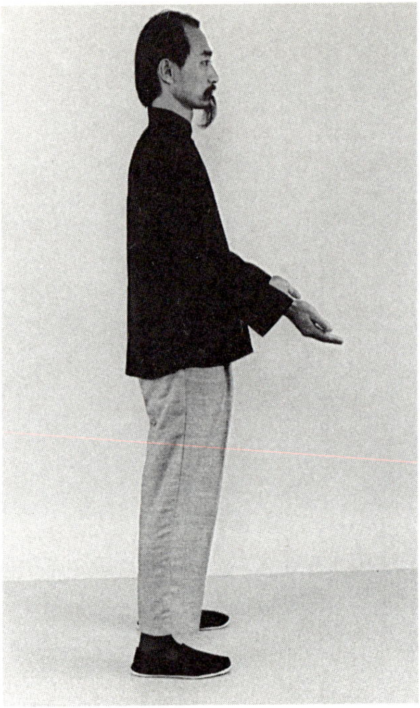
2

3

c) Ellenbogen und Handgelenke

1. Die Arme etwas nach hinten nehmen, dabei die Handflächen nach vorn drehen;

2. Die Arme nach vorne oben schwingen, dabei so wenig wie möglich Kraft anwenden;

3. Die Oberarme bis in die Schulterhöhe heben, dabei die Ellenbogen beugen und die Hände in die Richtung der Schultern fallen lassen (die Fingerspitzen berühren, wenn möglich, die Schultern);
anschließend die Arme, so locker und entspannt wie möglich, auf gleiche Weise zurück in die Position 1 fallen lassen.

weiter wie 2 und so fort.

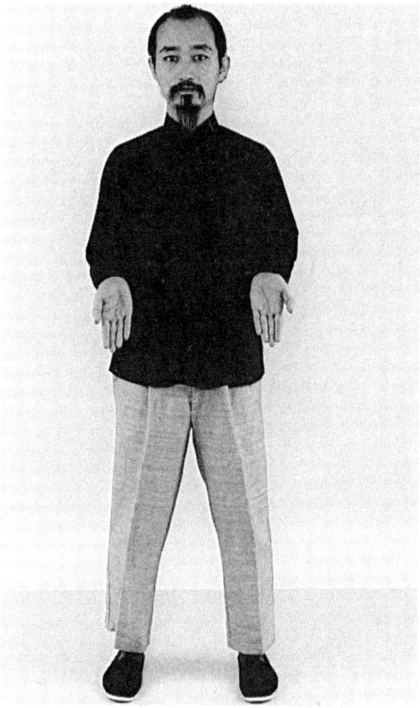

1

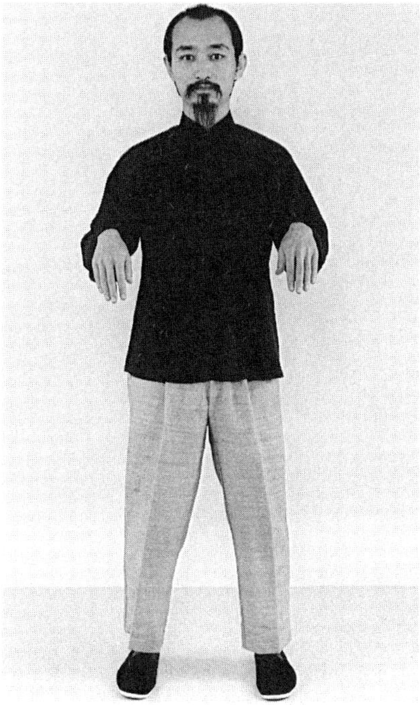

2

d) Händekreisen

1. Unterarme und Hände anwinkeln, die Handflächen weisen nach vorn, beide Hände aus dem Handgelenk nach außen kreisen, anschließend nach innen, dabei die Unterarme ruhig halten;

2. Handflächen weisen nach hinten, beide Hände wie oben kreisen;

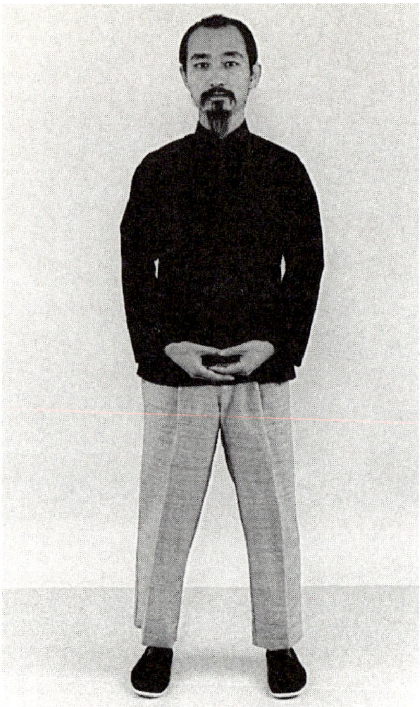

1

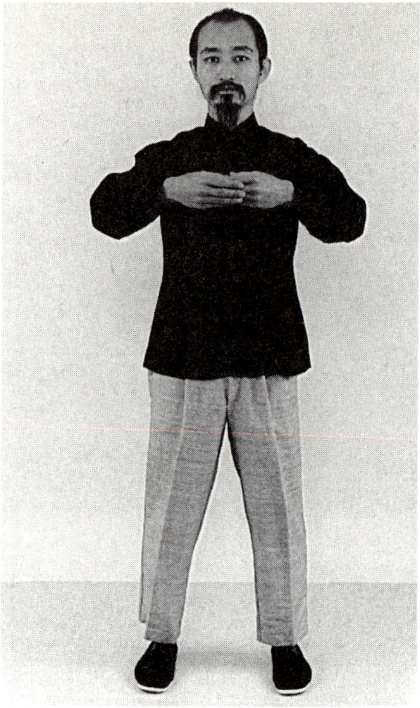

2

3

e) Hüftgelenke

Parallelstand einnehmen, die Arme hängen locker herab,

1. die Hände lose falten,

2. und 3. die Arme über den Kopf heben.

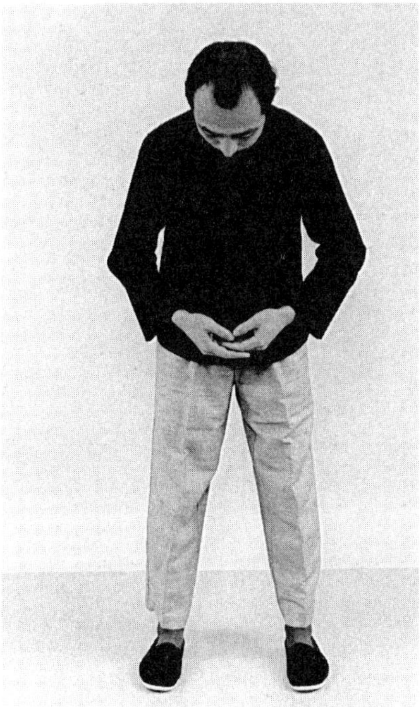

4

5

4. und 5. den Rumpf nach unten beugen; Oberkörper, Arme und Kopf hängen locker herab (nicht im Nacken anspannen); in dieser Haltung den Rumpf ein wenig auf und ab wippen.

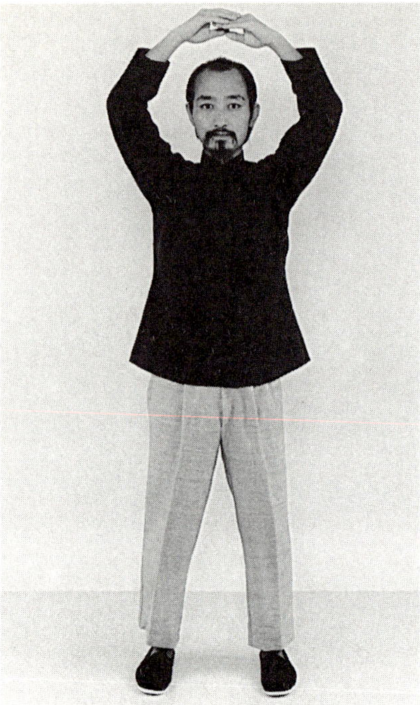

6

7

6. aufrichten wie 4., dabei die Arme über den Kopf heben;

7. den Rumpf nach rechts drehen.

8

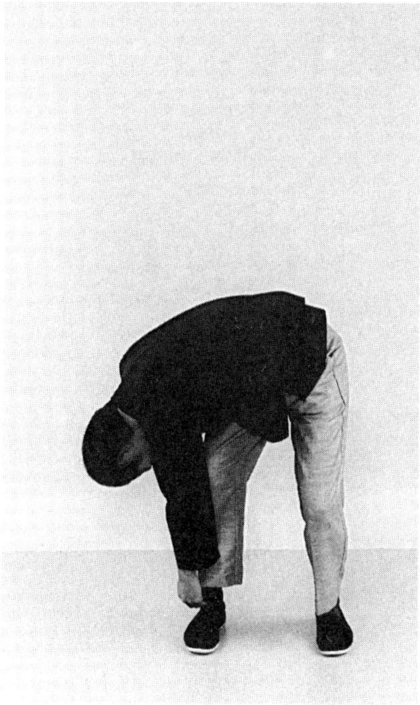
9

8. und 9. nach unten beugen; Oberkörper, Arme und Kopf hängen locker; den Rumpf ein wenig auf und ab wippen; anschließend aufrichten wie 8., die Arme über den Kopf heben, zurück in Position 6, gleiches nach links üben; abwechselnd nach vorn, rechts und links üben, 1–3mal.

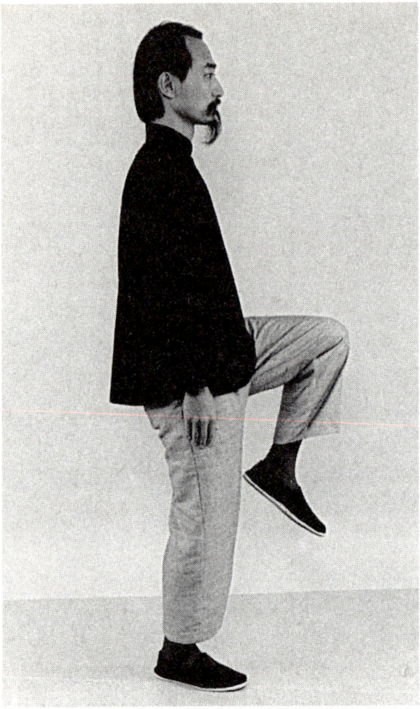
1

2

f) Kniegelenke

1. Den linken Oberschenkel bis zur Waagerechten anheben, in dieser Stellung mit so wenig wie möglich Kraftaufwand den Unterschenkel locker vor und zurück pendeln lassen;
gleiches mit dem rechten Bein üben;

2. den linken Oberschenkel bis zur Waagerechten anheben, den Unterschenkel mit so wenig wie möglich Kraftaufwand dreimal im – anschließend gegen den Uhrzeigersinn kreisen; Oberschenkel ruhig halten, den Fuß entspannt hängen lassen;
gleiches mit dem rechten Bein üben.

1

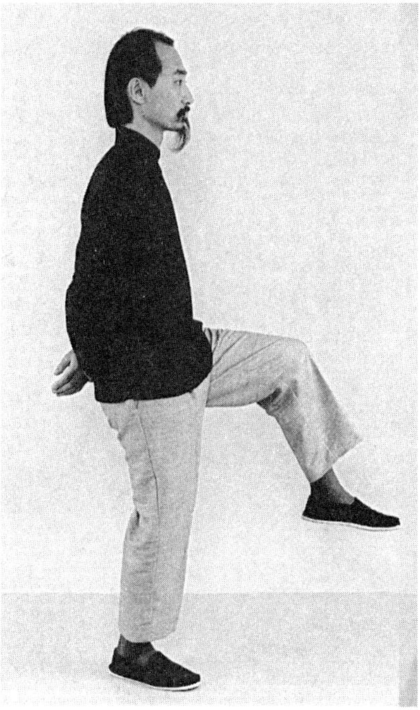

2

1. und 2. den linken Oberschenkel anheben, einen vertikalen Kreis beschreiben (wie beim Radfahren); vor — mit dem Uhrzeigersinn, zurück — gegen den Uhrzeigersinn;
gleiches mit dem rechten Bein.

– Bei dieser Übung liegen die Arme auf dem Rücken, die rechte Hand umfaßt lose das linke Handgelenk –

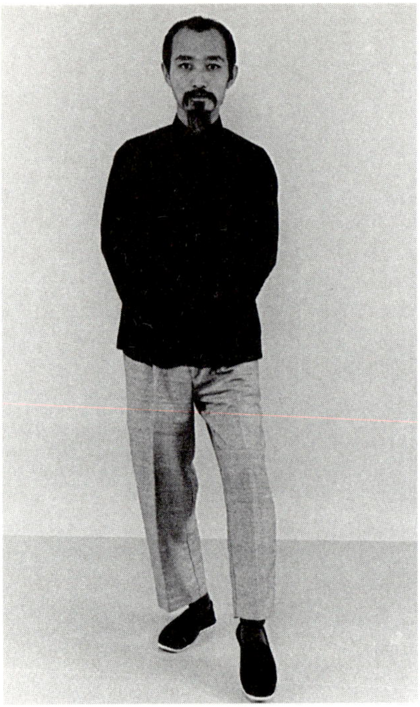

1

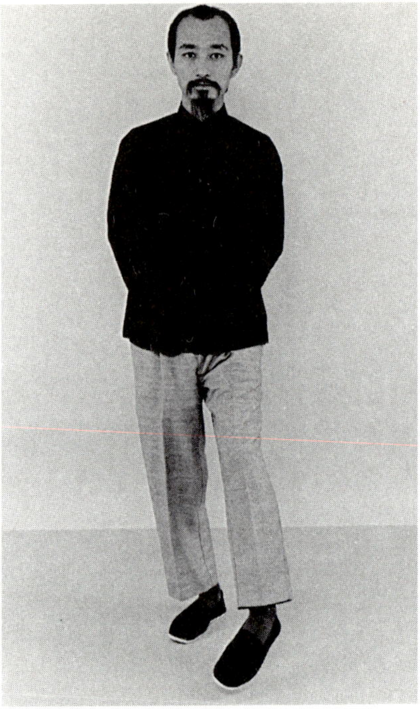

2

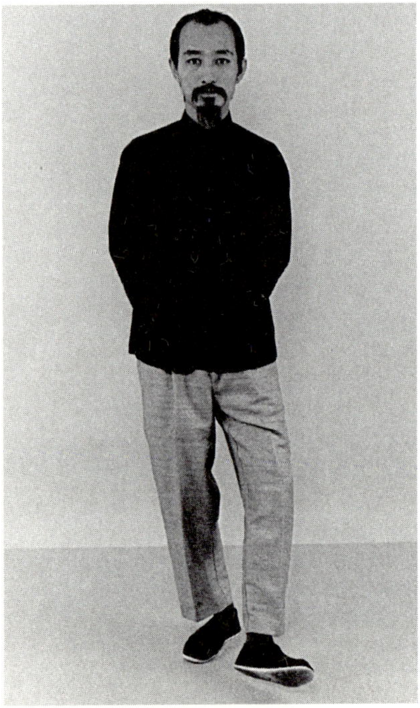

3

g) Fußgelenke

1., 2. und 3. das linke Bein etwas anheben, den Fuß erst nach links, dann nach rechts kreisen, das Bein dabei ruhig halten;
gleiches mit dem rechten Fuß;

– Arme wie bei Hüftgelenke 6.) –

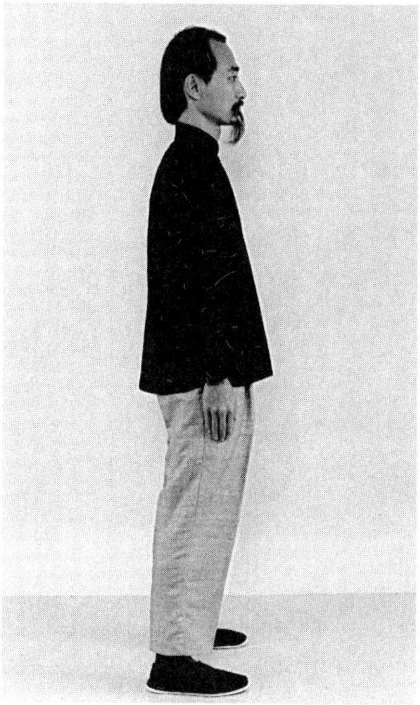
1

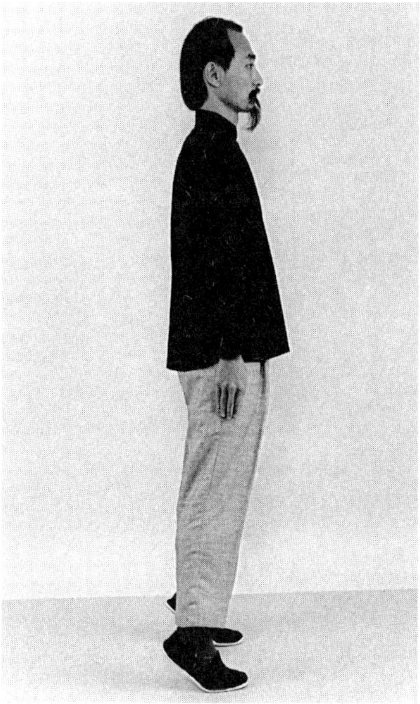
2

h) Fußgelenke – Zehen

Parallelstand einnehmen;

1. und 2. langsam das Gewicht auf Ballen und Zehen verlagern, die Fersen soweit wie möglich anheben (Fußgelenke wenn möglich durchstrecken), einige Atemzüge in dieser Stellung bleiben, langsam die Fersen zum Boden senken;

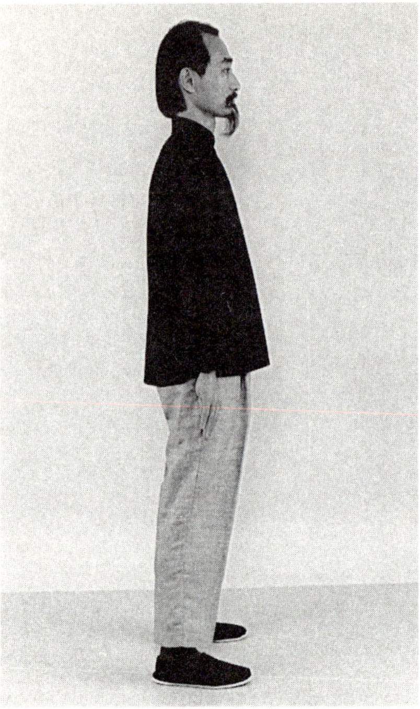

1

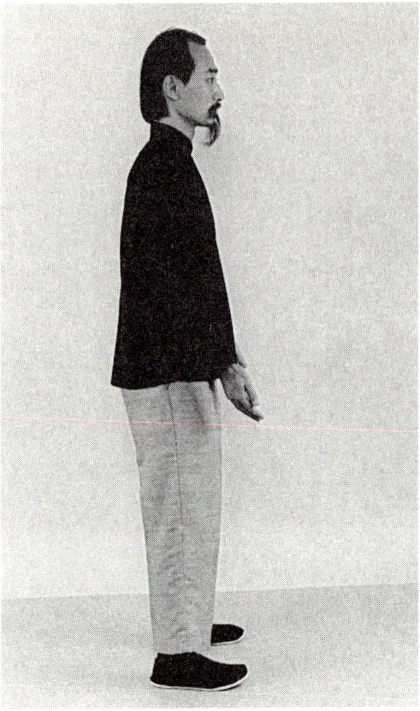

2

3

i) Fußgelenke – Fersen

Parallelstand einnehmen;

1., 2. und 3. Das Gewicht auf die Fersen verlagern, Knie dabei durchdrücken, gleichzeitig die Arme bis in Schulterhöhe anheben (beim Heben der Arme werden durch gleichmäßige Drehbewegungen aus den Ellenbogengelenken heraus Unterarm und Hand – als Einheit – von hinten über innen nach vorn oben gebracht);
anschließend das Gewicht wieder nach vorn verlagern, die Knie entspannen, die Arme senken wie 2. und 1. (beim Senken der Arme werden durch gleichmäßige Drehbewegungen aus den Ellenbogengelenken heraus Unterarm und Hand – als Einheit – von vorn oben über innen wieder nach hinten gebracht).

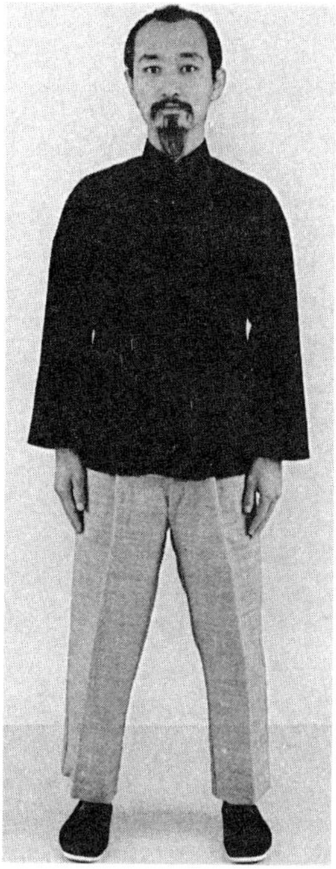
1

2

3

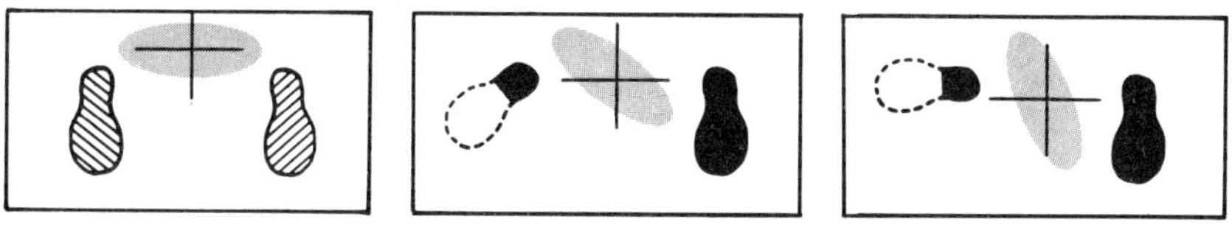

Schwingen

a) Schwingen mit Fußdrehung

1. Die Füße stehen parallel in Schulterbreite, die Arme hängen locker herab.

2.3. Das Gewicht zum linken Fuß verlagern, gleichzeitig den Rumpf nach rechts drehen, dabei den rechten Fuß etwas angehoben auf der Ferse mitdrehen, die Arme schwingen bei der Rumpfdrehung nach rechts;
den Rumpf nach links in die Ausgangsposition zurückdrehen, dabei den Fuß auf der Ferse mitdrehen und zum Boden senken, gleichzeitig das Gewicht wieder in die Mitte verlagern, die Arme schwingen bei der Rumpfdrehung nach links.

Beachte: Das linke Knie soll bei der Drehung über dem Fuß bleiben, es darf nicht einwärts gebracht werden.

Die Übung 6mal wiederholen, anschließend gleiches nach links üben.

(Diese Übung ist ein Beispiel für die Anwendung des Prinzips der Einheit des Körpers in der Bewegung.)

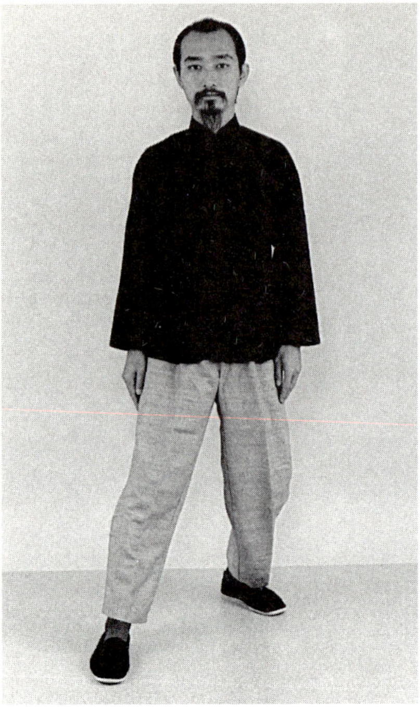

1

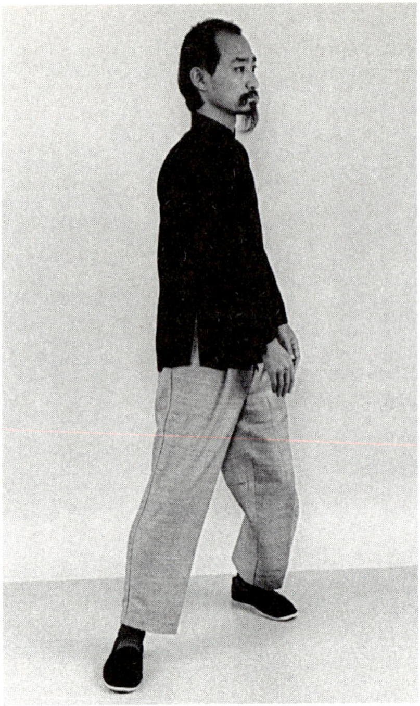

2

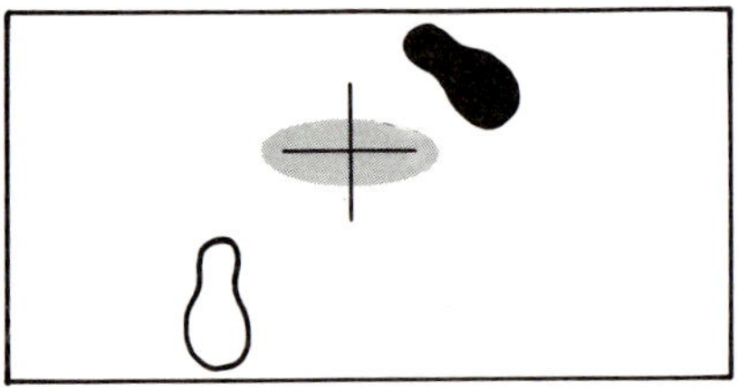

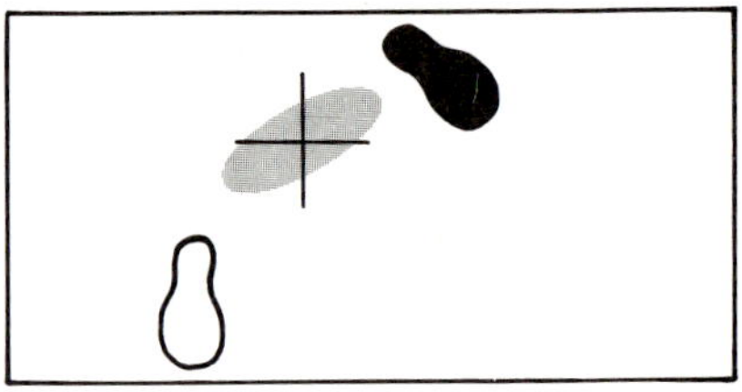

b) Schwingen im Bogenschritt

1. Rechten Bogenschritt einnehmen (rechter Fuß ist vorn), 90 % Gewicht ruht auf dem hinteren linken Fuß, 10 % auf dem vorderen rechten, die Vorderseite des Rumpfes zeigt nach vorn, die Arme hängen locker herab;

2. den Rumpf nach links drehen, dabei die Arme mitnehmen;

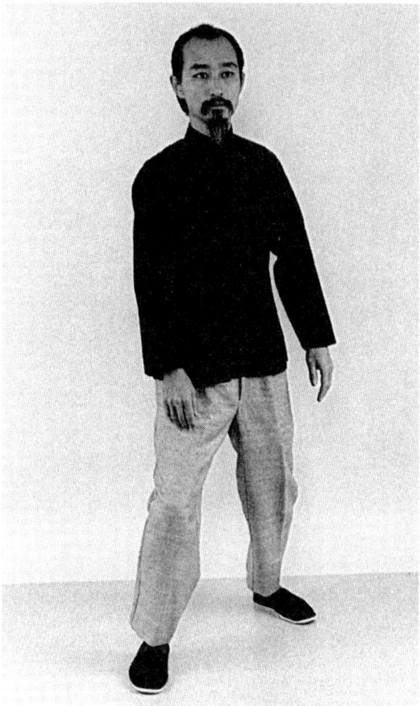

3

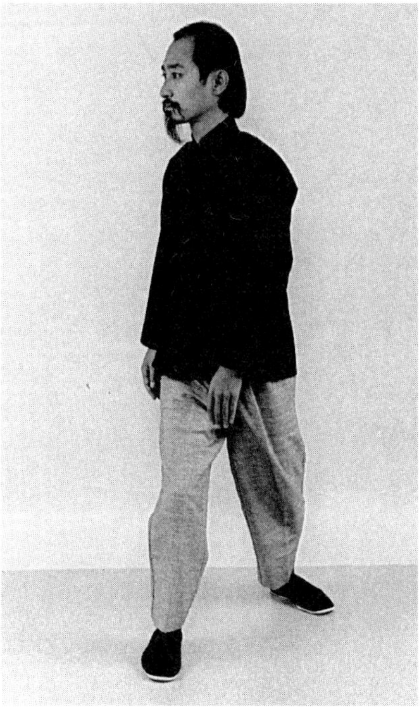

4

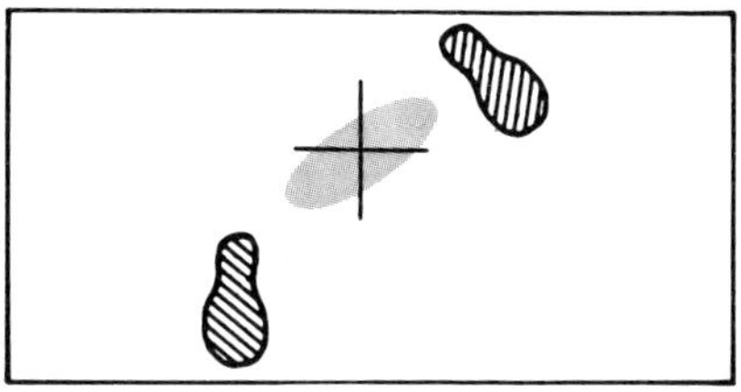

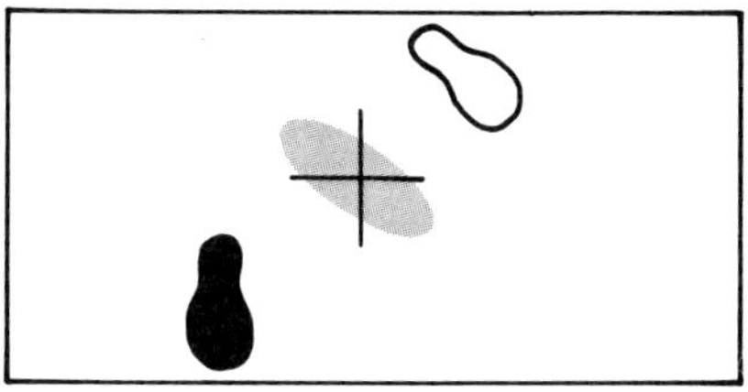

3. und 4. das Gewicht auf den vorderen rechten Fuß (bis 90 %) verlagern, dabei den Rumpf gleichmäßig nach rechts drehen, die Arme schwingen in der Rechtsdrehung des Rumpfes locker mit;
anschließend das Gewicht zurück zum linken Fuß verlagern (bis 90 %), dabei den Rumpf gleichmäßig nach links drehen, die Arme schwingen in der Linksdrehung des Rumpfes mit; weiter wie 3.–4. und so fort;
10 – 20mal wiederholen, gleiches im linken Bogenschritt üben.

Beachte: Um bestmögliche Wirkungen bei dieser Übung zu erzielen, sollten die Knie über den Füßen bleiben, also nicht einwärts gebracht werden. Die Gewichtsverlagerung und Rumpfdrehung sollte stetig und gleichmäßig erfolgen.

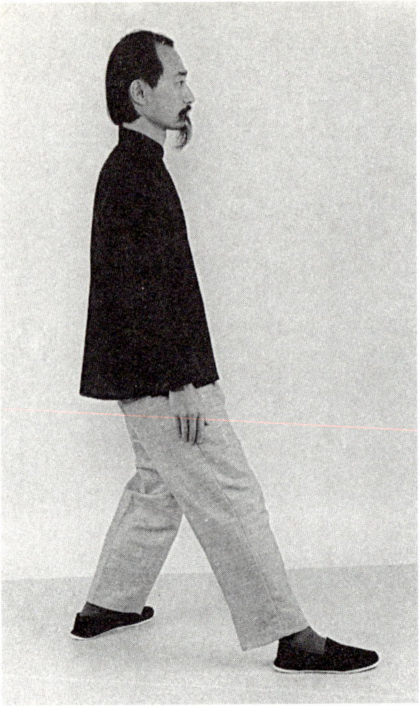

1

2

c) »Elefantenrüssel«

1. Einen rechten Bogenschritt einnehmen, die Vorderseite des Rumpfes zeigt nach vorn, 90 % des Körpergewichts ruht auf dem hinteren linken Fuß, 10 % auf dem vorderen rechten Fuß, die Arme hängen locker herab;

2. und 3. Gewicht nach vorn verlagern, bis der vordere Fuß mit 90 % Gewicht belastet ist, dabei die Arme mit geringstmöglichem Kraftaufwand, so entspannt wie möglich (wie ein Elefant seinen Rüssel schwingt) nach vorne oben schwingen, abschließend die Ellenbogen leicht beugen und die Hände ein wenig zueinander bringen;

3

Gewicht zurückverlagern, bis der hintere Fuß 90 % des Gewichtes trägt, dabei die Arme so entspannt wie möglich senken und ein wenig hinter den Körper schwingen lassen;
10mal wiederholen, wenn es gewünscht wird, kann die Übung auch mehrere Minuten ausgeführt werden, gleiches im linken Bogenschritt üben (linker Fuß vorn).

Beachte: Die Gewichtsverlagerung sollte langsam und gleichmäßig sein, die Vorderseite des Rumpfes bleibt während der Übung nach vorn gerichtet!

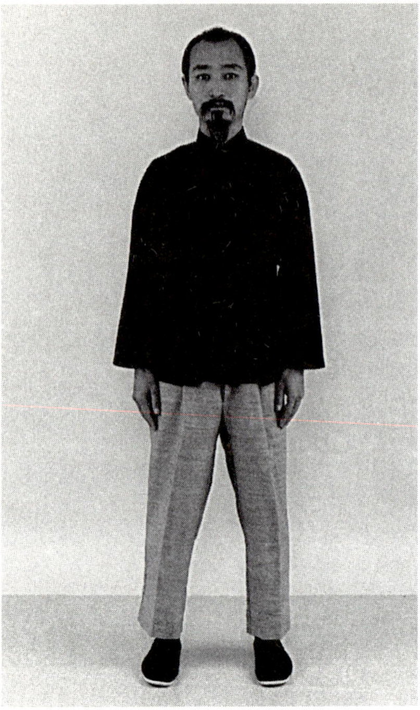
1

2

Streck- und Beugeübungen

a) Rumpfbeugen

1. Die Füße stehen parallel in Schulterbreite, die Arme hängen locker herab;

2. Das Gewicht zum linken Fuß verlagern, gleichzeitig den Rumpf nach rechts drehen und dabei etwas angehoben den Fuß auf der Ferse mitdrehen, die Arme bleiben an der Seite hängen;

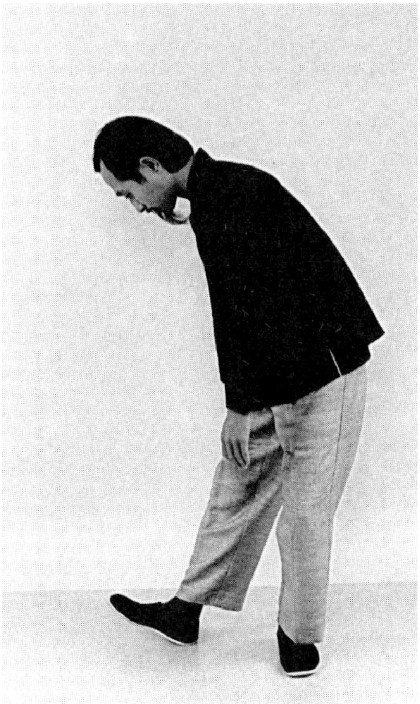
3

4

3. und 4. langsam nach unten beugen; Rumpf, Kopf und Arme entspannt hängen lassen;
aufrichten (wie 3) und in gleicher Weise in die Ausgangsposition zurück.

3 – 6mal wiederholen, gleiches nach rechts üben.

1

2

b) Arme kreisen

1. Eine weite Grätsche einnehmen (»Reitersitz«), die Arme hängen locker herab, die Hände vor den Oberschenkeln, die Handflächen weisen nach hinten;

2. langsam und gleichmäßig die Knie durchstrecken, dabei die Arme heben (die Handflächen bleiben bei dieser Bewegung dem Körper zugewandt) und die Hände vor der Brust kreuzen;

3

4

3. und 4. Hände und Unterarme als Einheit aus den Ellenbogen heraus nach vorn oben drehen (bis die Handflächen nach vorn weisen);

5

6

5., 6. und 7. die Arme auseinandernehmen, dabei die Knie langsam beugen, die Arme – Kreisbögen folgend – senken;
beim anschließenden Strecken der Knie die Arme wieder heben und vor der Brust zusammenführen (Hände kreuzen), dann weiter wie oben.
6 – 10mal wiederholen –

Beachte: Die Rückenhaltung ist gerade, das Gesäß wird nicht herausgestreckt. Das Beugen und Strecken der Knie erfolgt langsam und gleichmäßig. Die Kniegelenke bleiben in der Streckung locker und entspannt, sie werden nicht hart durchgestreckt. Die Knie sollen außen bleiben.

7

1

2

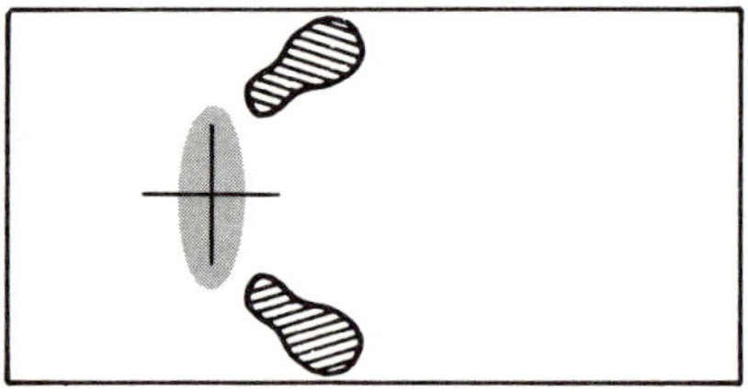

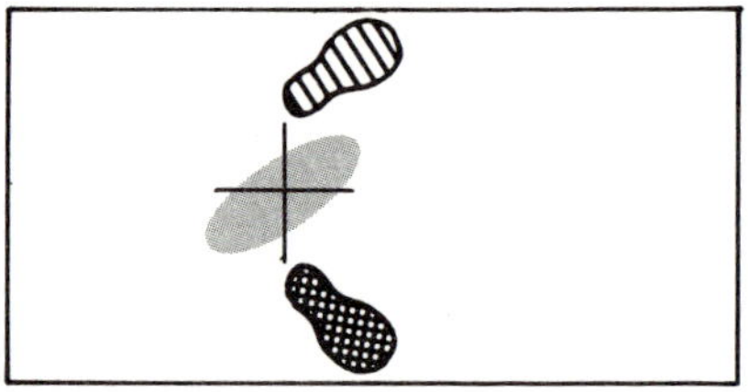

c) Arme strecken mit Rumpfdrehung

Eine weite Grätsche einnehmen (wie beim »Arme kreisen«), die Arme hängen locker herab, Arme heben;

1., 2. und 3. langsam das Gewicht zum rechten Fuß verlagern, dabei den Rumpf nach rechts drehen, gleichzeitig die Arme auseinandernehmen und die Hände immer mehr anwinkeln, zum Ende der Bewegung hin die Arme mit den angewinkelten Händen bis in die Fingerspitzen leicht durchstrecken, ohne die Ellenbogen durchzudrücken, gleichzeitig den Kopf nach rechts drehen und zur rechten Hand sehen;

3

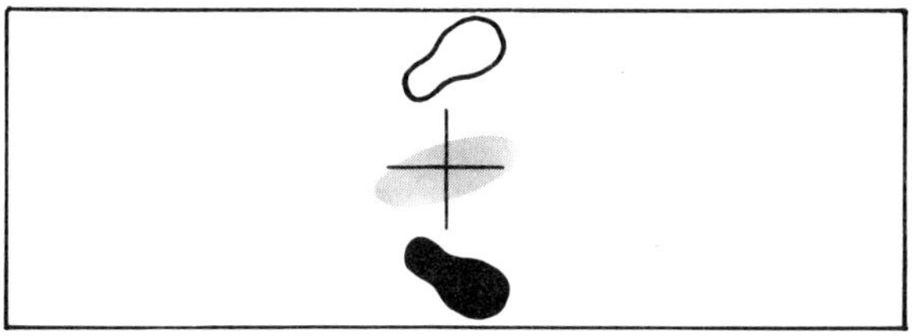

anschließend über 2. zu 1. zurück,

3 – 6mal wiederholen, gleiches nach links üben.

1

2

3

d) Nach hinten beugen

1. Rechten Bogenschritt einnehmen, 90 % Gewicht ruht auf dem vorderen rechten Fuß, 10 % auf dem hinteren linken, die Arme hängen locker herab;

2. und 3. langsam nach hinten beugen, dabei das Gewicht zum linken Fuß (bis 90 %) verlagern;
anschießend langsam aufrichten und das Gewicht wieder auf den rechten Fuß verlagern wie 2. 1.

3 – 6mal wiederholen, gleiches im linken Bogenschritt üben.

1

2

e) Nach unten beugen und nach hinten sehen

1. Eine weite Grätsche einnehmen (Reitersitz);

2., 3. und 4. den Rumpf nach rechts drehen, dabei das Gewicht nach rechts verlagern, gleichzeitig nach unten beugen, der Kopf bewegt sich dabei in Richtung des rechten Knies, die linke Hand faßt hinter das rechte Fußgelenk, der rechte Arm legt sich auf den Rücken in Taillenhöhe (Handfläche nach außen), die Vorderseite des Rumpfes zeigt soweit wie möglich nach hinten, wir sehen nach hinten;

3

4

einige Atemzüge in dieser Haltung bleiben, anschließend über 3. und 2. wieder aufrichten.

3 – 6mal nach rechts und links üben.

1

2

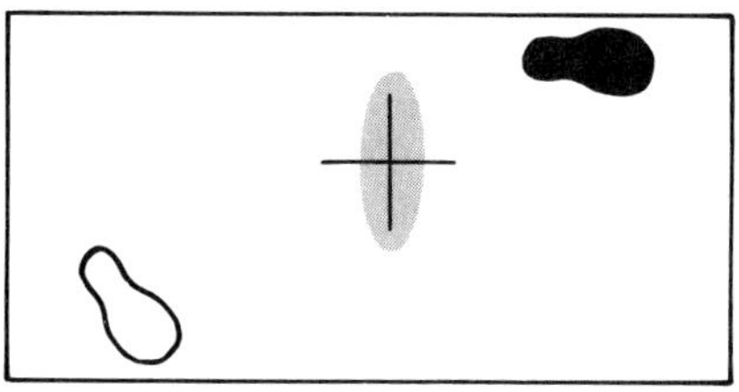

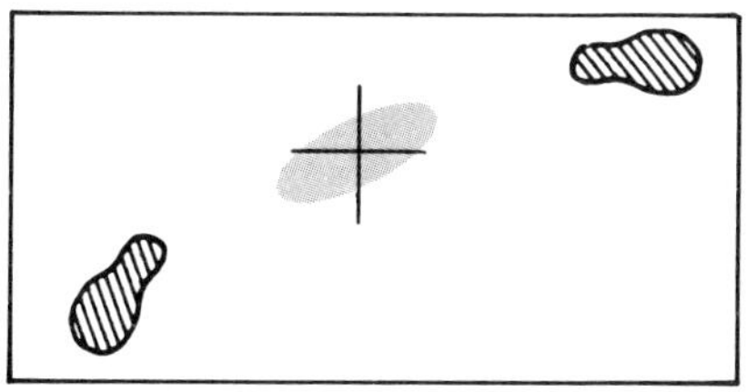

f) In die Hocke gehen

1. Einen großen linken Bogenschritt einnehmen; 90 % des Gewichts ruht auf dem vorderen linken Fuß, 10 % des Gewichts auf dem hinteren rechten Fuß; die Vorderseite des Rumpfes zeigt nach vorn;

2. 3. und 4. 5. den Rumpf nach rechts drehen, dabei das Gewicht bis 90 % zum hinteren rechten Fuß verlagern, gleichzeitig den rechten Fuß auf der Ferse mitdrehen; unter Beibehaltung der aufrechten Rumpfhaltung das rechte Knie beugen, dabei den linken Fuß etwas einwärts drehen;

3

4

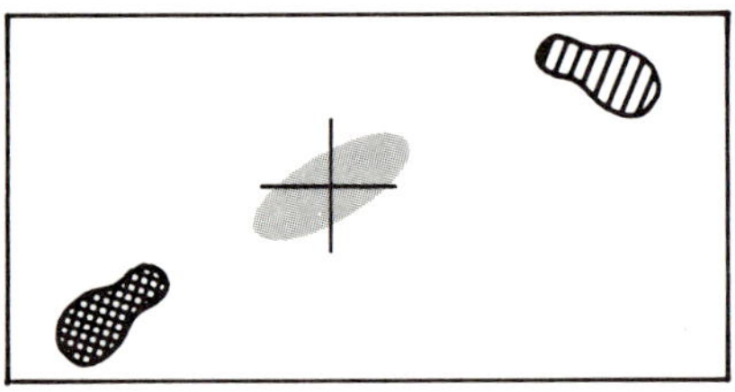

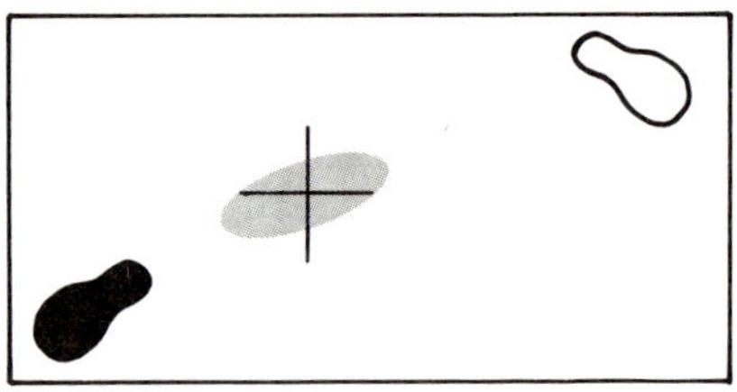

6. und 7. das Gewicht bis 90 % zum linken Fuß verlagern, dabei, vom rechten hinteren Fuß ausgehend, langsam den Rumpf nach links drehen und gleichmäßig nach vorne oben kommen, gleichzeitig den linken Fuß nach links drehen, abschließend den rechten Fuß drehen.
Die Arme bleiben während der ganzen Übung locker hängen.

3 – 6mal wiederholen, gleiches im rechten Bogenschritt üben.

Beachte: Es ist nicht erforderlich, so tief wie abgebildet in die Hocke zu gehen. Man sollte generell nur so tief gehen, wie man es entspannt bewerkstelligen kann. Ein gewaltsames Einnehmen der Positionen ist nicht im Sinne des T'ai Chi Ch'uan.

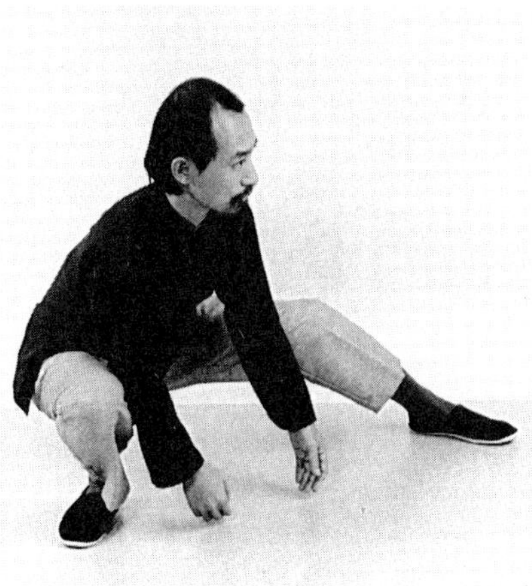

5

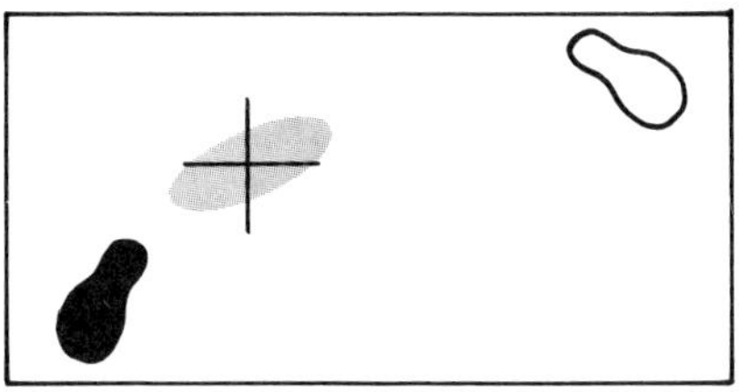

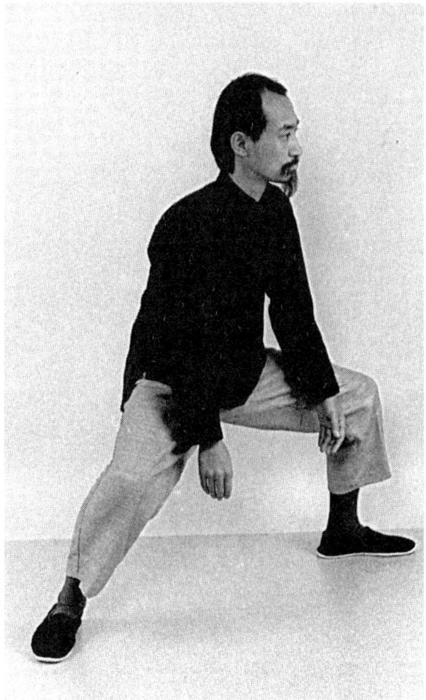

6

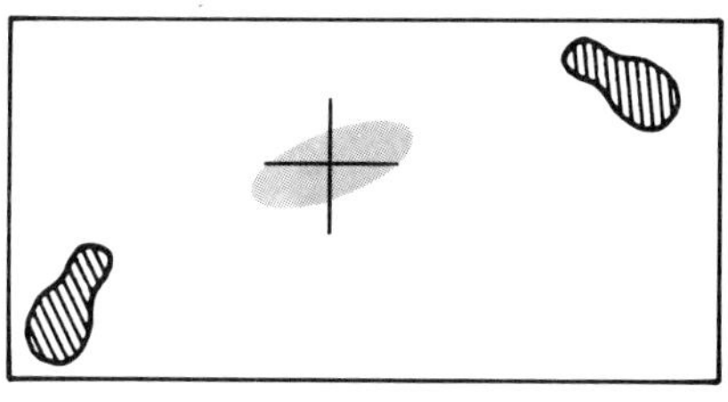

7

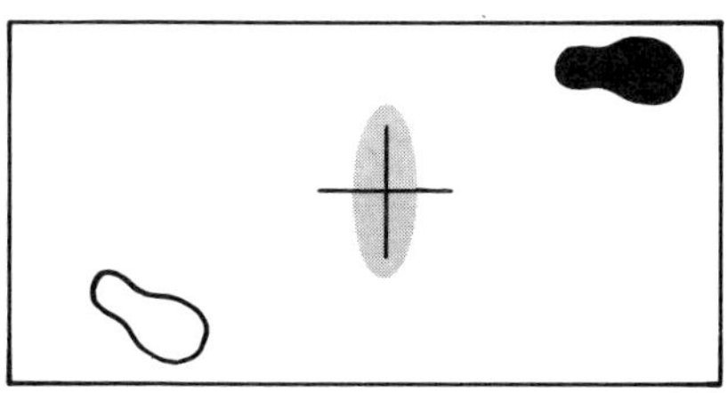

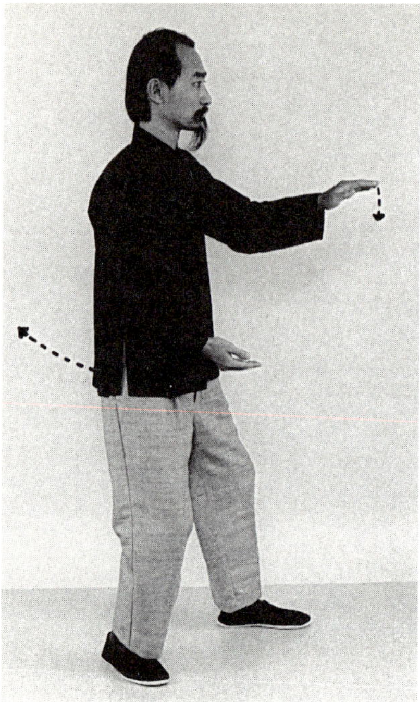
1
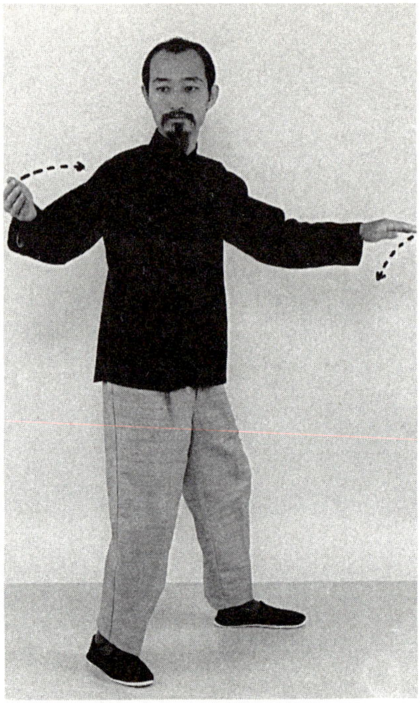
2

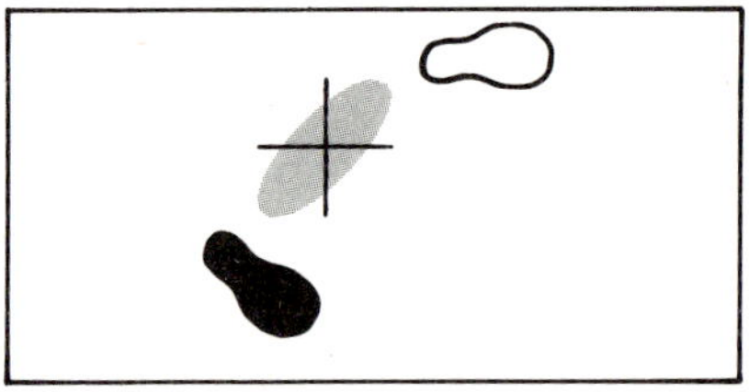
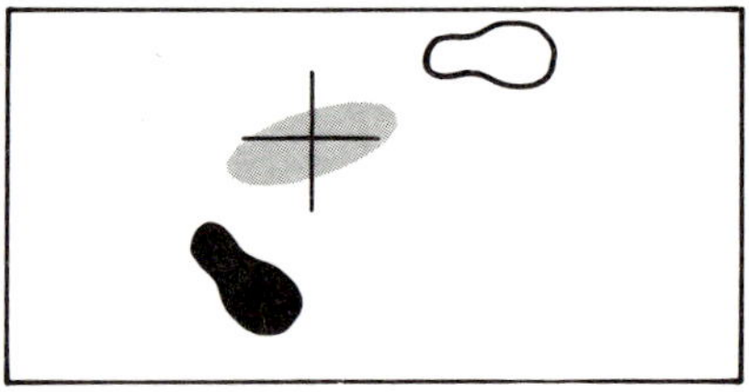

4. Affen abwehren

1. Einen kleinen linken Bogenschritt einnehmen (90 % des Gewichts ruht auf dem rechten Fuß, 10 % auf dem linken), die rechte Hand ist vor der rechten Hüfte, die linke Hand in Schulterhöhe;

2. langsam den Rumpf nach rechts drehen; dabei den rechten Arm, einem großen Kreisbogen folgend, bis in Schulterhöhe heben (Hand in Halshöhe); gleichzeitig die linke Hand senken;

3

4

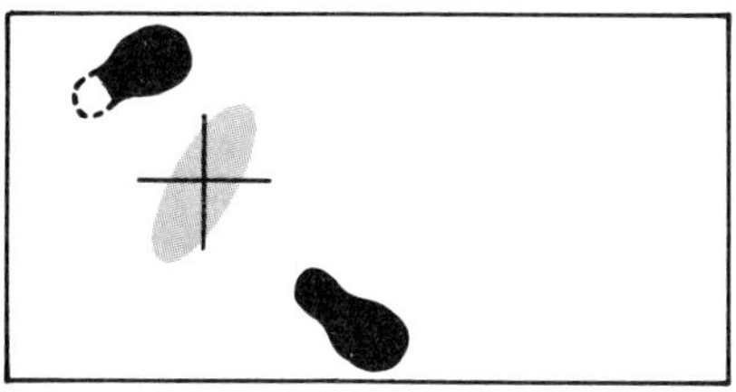

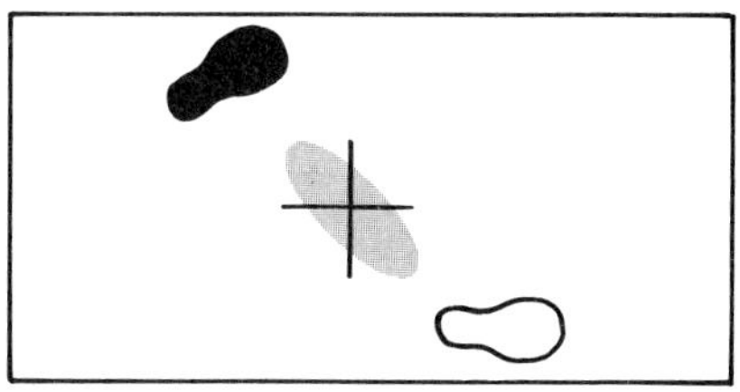

3. den Rumpf langsam nach links drehen, dabei den linken Fuß in einem nach innen gerichteten Kreisbogen nach hinten setzen; gleichzeitig die linke Hand senken und drehen sowie den rechten Arm nach vorn bringen;

4. den Rumpf langsam weiter nach links drehen, bis 90 % des Gewichts auf den linken Fuß verlagert ist; dabei den rechten Fuß auf der Ferse nach links drehen; gleichzeitig den rechten Arm weiter nach vorn bringen und den linken Arm senken;

5

6

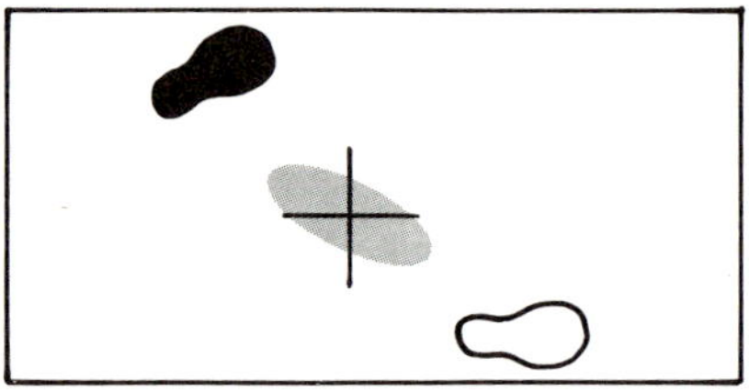

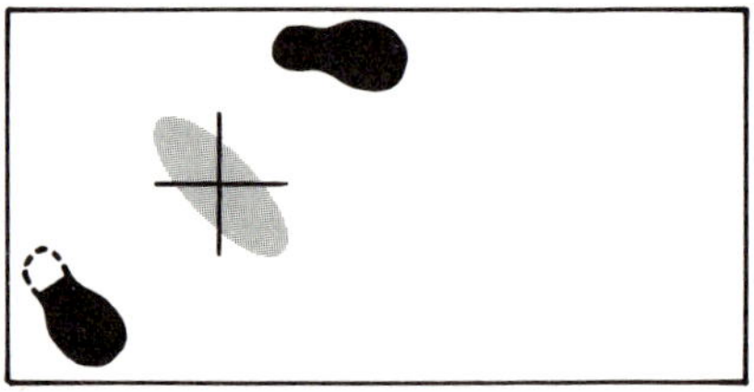

5. langsam den Rumpf weiter nach links drehen, dabei den linken Arm, einem großen Kreisbogen folgend, bis in Schulterhöhe heben (Hand in Halshöhe); gleichzeitig die rechte Hand senken;

6. langsam den Rumpf nach rechts drehen, dabei den rechten Fuß in einem nach innen gerichteten Kreisbogen nach hinten setzen; gleichzeitig die rechte Hand senken und drehen sowie den linken Arm nach vorn bringen;

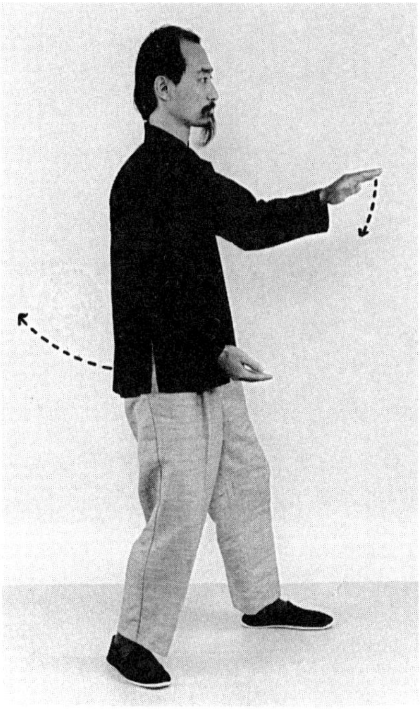

7

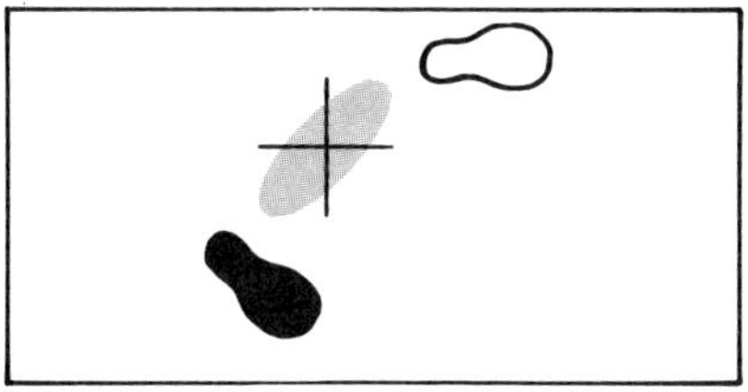

7. den Rumpf langsam weiter nach rechts drehen, bis 90 % des Gewichts auf den rechten Fuß verlagert ist; dabei den linken Fuß auf der Ferse nach rechts drehen; gleichzeitig den linken Arm weiter nach vorn bringen und den rechten Arm senken;

weiter wie 2. und so fort.

Beachte: Der Bewegungsimpuls geht jeweils vom vorderen Fuß aus. Die Rumpfdrehung muß sehr langsam erfolgen, um die verhältnismäßig großen Arm- und Beinbewegungen mit ihr koordinieren zu können.

Das »Affen abwehren« kann beliebig lange aneinandergereiht geübt werden (z. B. 5–10 Minuten).
Yang Ch'eng-Fu ist bekannt dafür, diesen, in den Einzelübungen des Yang-Stils enthaltenen Bewegungsablauf gezielt geübt zu haben.

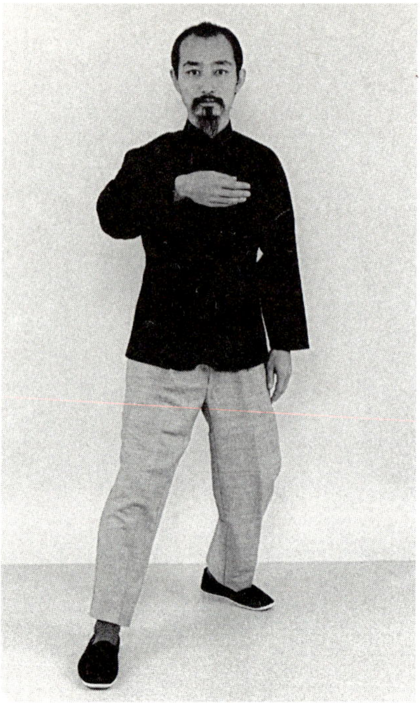
1

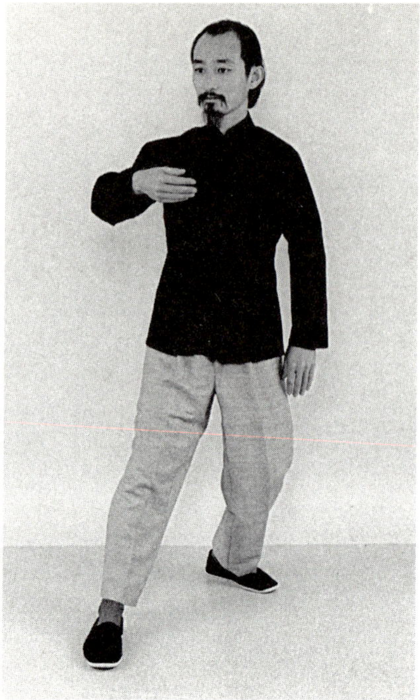
2

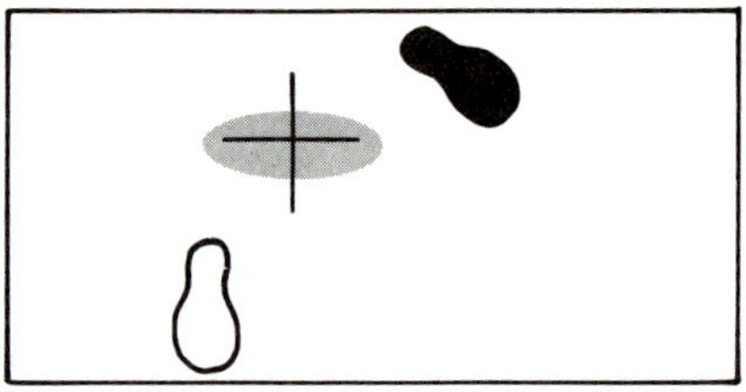

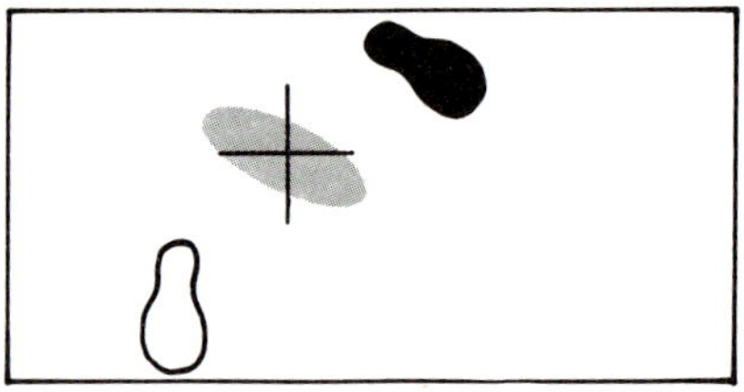

5. »Push hands« ohne Partner

1. Rechten Bogenschritt einnehmen, 90 % des Körpergewichts ruht auf dem hinteren linken Fuß, den rechten Arm heben (Hand in Höhe des Brustbeins, Handfläche zeigt nach innen, die Rundung des Arms wie beim Zen-Stehen), die Vorderseite des Rumpfes zeigt nach vorn, der linke Arm hängt locker an der Seite;

2. den Rumpf nach rechts drehen, die Haltung des rechten Arms bleibt unverändert;

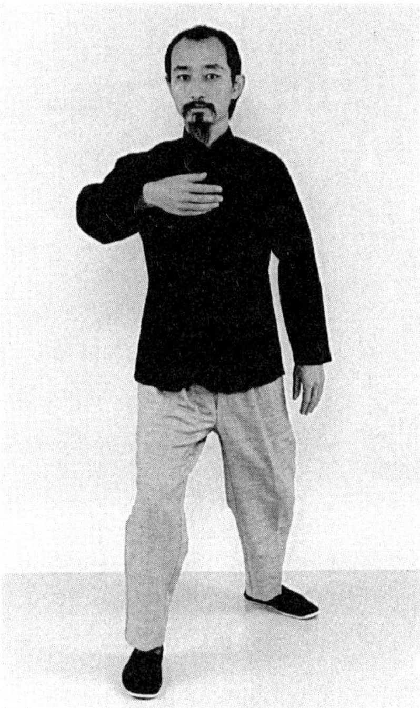

3

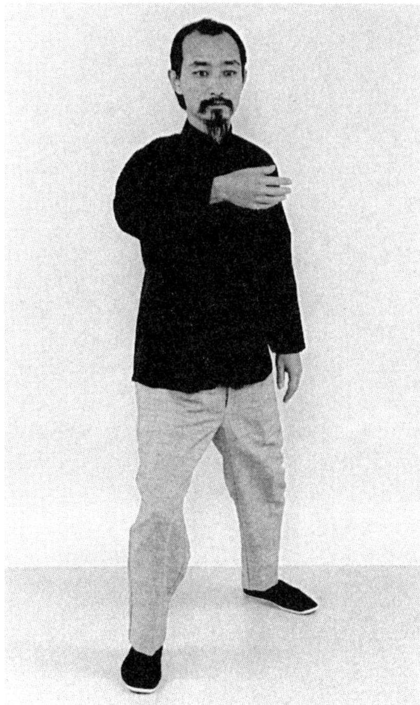

4

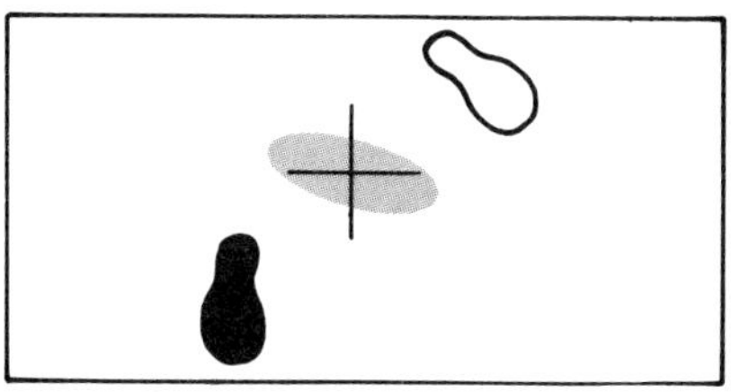

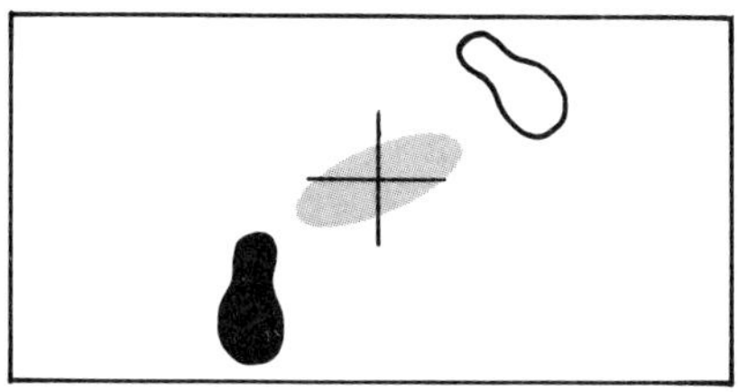

3., 4. das Gewicht nach vorn verlagern (bis 90 %), dabei den Rumpf gleichmäßig und langsam nach links drehen, 5., 6. Gewicht zurückverlagern (bis 90 %), dabei den Rumpf gleichmäßig und langsam nach rechts drehen bis 2.; anschließend das Gewicht wieder nach vorn verlagern und weiter wie 3., 4., 5. und 6. 2. und so fort.

Beachte: Bei der Gewichtsverlagerung nach vorn kommt der Arm ein wenig vor, bei der Gewichtsverlagerung nach hinten wird der Arm ein wenig zum Körper gebracht. Die Hand bleibt jedoch vor der Körpermitte, ihre kreisförmige Bewegung ergibt sich aus der kontinuierlichen Drehbewegung des Rumpfes.

– sowohl im rechten als auch im linken Bogenschritt üben –

5

6

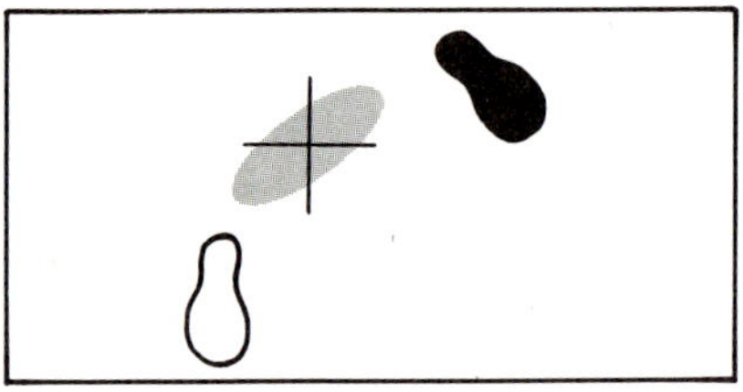

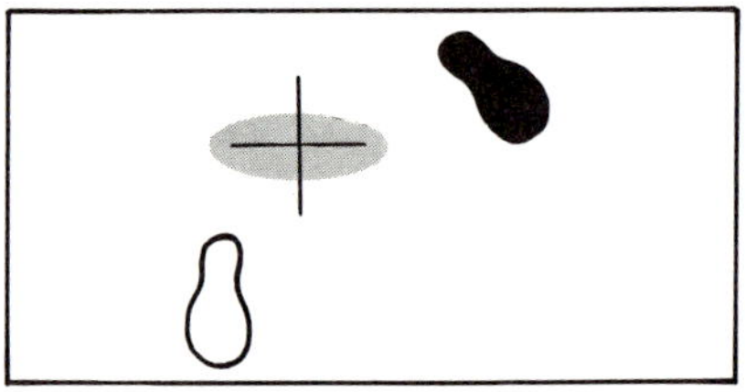

Dieser Bewegungsablauf sollte möglichst intensiv geübt werden (5 – 20 Minuten). Im linken Bogenschritt, heben wir den linken Arm, beginnen durch eine Rumpfdrehung nach links und folgen dem Uhrzeigersinn.
Diese Übung, ausgeführt mit einem Partner (beide Partner stehen sich im Bogenschritt gegenüber und berühren sich in der Mitte des Handrückens) gehört zu den grundlegenden Partnerübungen des T'ai Chi Ch'uan (»Abwehren«).
Diese Bewegungsfolge kann das Üben mit einem Partner nicht ersetzen, ist aber, auch wenn sie allein geübt wird, der Flexibilität und Beweglichkeit des Körpers, der Vertiefung der Atmung und der Ch'i-Entwicklung außerordentlich zuträglich.

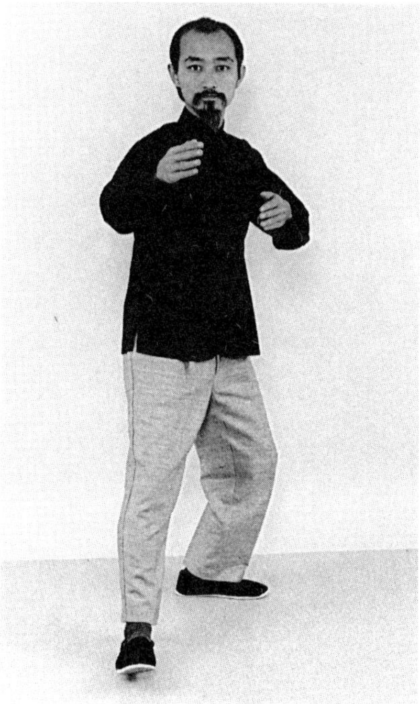

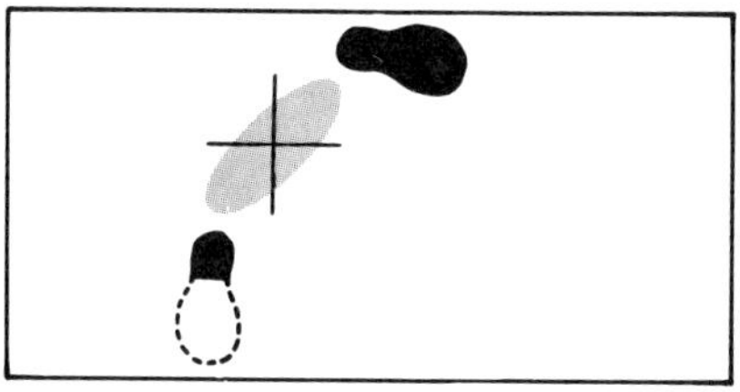

6. Übungen im Stehen

a) »Hände heben«

Das »Hände heben« ist eine Stellung, die in den Einzelübungen des Yang-Stils enthalten ist.
Übungsweise wie beim Zen-Stehen. (Seitenansicht, siehe die Fotos von Cheng Man-Ch'ing und Yang Cheng-Fu im Anhang)

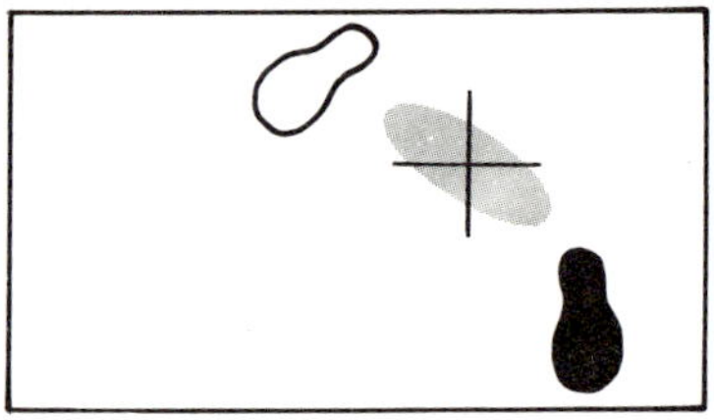

b) Die »Peitsche«

Die »Peitsche« ist eine Stellung, die in den Einzelübungen des Yang-Stils enthalten ist.
Das Stehen in der »Peitsche« kann auch mit der Gewichtsverteilung 70 % (vorne), 30 % (hinten) geübt werden, wie beim Zen-Stehen.

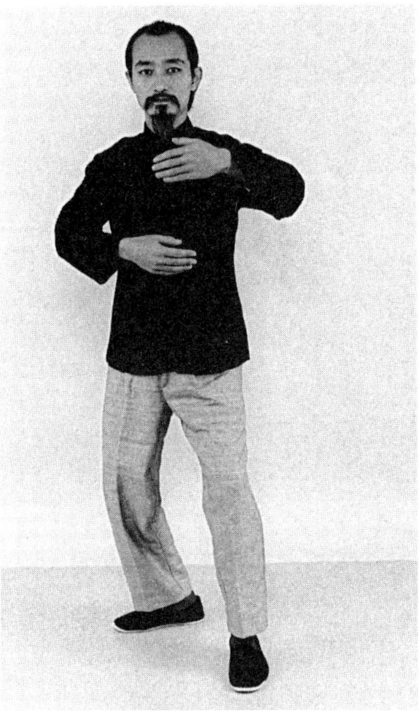

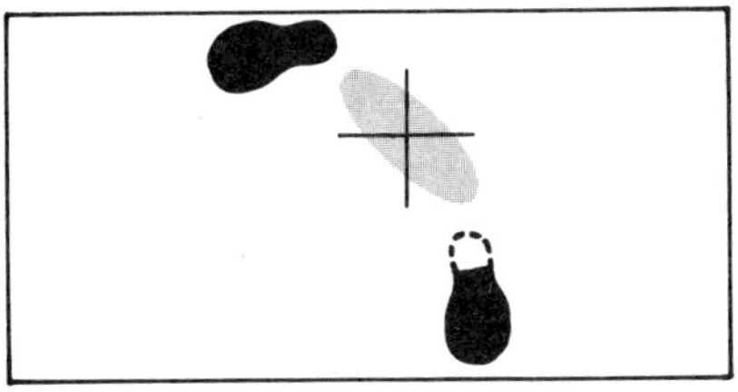

c) Das Zen-Stehen[1]

Auf dem rechten Bein stehen; 90 % des Körpergewichts ruht auf dem rechten Fuß; der linke Fuß wird auf dem Ballen leicht aufgesetzt (10 %); der linke Arm ist oben, der rechte unten; so entspannt wie möglich stehen, in den Schultern nicht verkrampfen, Rumpfhaltung siehe Kapitel Haltung; die Augen sind entspannt, der Blick ist nicht fixiert; der Mund ist leicht geschlossen, die Zunge liegt am oberen Gaumen an (Zungenspitze hinter der oberen Zahnreihe); die Aufmerksamkeit ruht im Unteren Tan T'ien; der Atem geht leise;

3 – 5 Minuten stehen.

Bei andauernder Übung wird es leichter fallen, die Stellung zu halten. Sollte die Übung große Schwierigkeiten berei-

[1] Eine Variation des Zen-Stehens, siehe Kobayashi »T'ai Chi Ch'uan-Handbuch zum Selbststudium«, Seite 47.

ten, kann sie durch Senken der Arme und Wechsel des Standbeins öfter unterbrochen werden,
z. B.: 1 – 2 Minuten auf dem rechten Bein stehen, Arme senken, linken Fuß zurücksetzen, Gewicht zum linken Fuß, rechten Fuß vorsetzen, gleichzeitig Arme heben (rechter Arm oben, linker Arm unten) – 1 – 2 Minuten stehen, wieder wechseln und so fort.

Wenn möglich, sollte die Stellung zu jeder Seite 3 – 5 Minuten gehalten werden. Wenn es gewünscht wird, kann die Übungszeit langsam erhöht werden. Das Zen-Stehen ist eine der besten statischen Übungen zur Vertiefung der Atmung und Entwicklung des Ch'i.

Anhang

Die Kurzform des Yang-Stils[1]

Cheng Man-Ch'ing »Spiele die Laute«

[1] Die Lange Form Yang Ch'eng-Fus wurde von vielen Lehrern durch Abänderung der Reihenfolge der Stellungen, Weglassen von Stellungen und eigenen Interpretationen von Stellungen variiert bzw. gekürzt (z. B. William-Chen-Stil). Cheng Man-Ch'ings Kurzform wird die Kurzform des Yang-Stils genannt, weil sie am bekanntesten und am weitesten verbreitet ist.

Die Kurzform des Yang-Stils nach Cheng Man-Ch'ing[1] (1900–1975) enthält 37 Stellungen, mit Wiederholungen 64 Stellungen. Sie wird in drei Abschnitte unterteilt.

1. Teil – 15 Stellungen (mit Wiederholungen 16)
2. Teil – 15 Stellungen (mit Wiederholungen 29)
3. Teil – 7 Stellungen (mit Wiederholungen 19)

Für die Ausführung einer Kurzform benötigt man etwa 6–8 Minuten. Cheng Man-Ch'ing war ein Hauptschüler Yang Ch'eng-Fus. Seine Kurzform ist eine gekürzte Fassung der sogenannten Langen Form seines Lehrers. Die Grundstellungen, auf denen alle anderen Stellungen aufbauen, und damit alle wesentlichen Elemente des T'ai Chi Ch'uan, blieben erhalten. Deshalb ist das Üben der Kurzform ausreichend, alle bekannten Wirkungen des T'ai Chi Ch'uan hervorzubringen. Geringfügige Unterschiede zur Langen Form bestehen in den Armbewegungen und in der Handhaltung. Verschiedene Armbewegungen sind in der Kurzform weniger ausholend. Die Handhaltung (T'ai-Chi-Hand)[2] ist in der Kurzform, mit Ausnahme der Faust und Hakenhand[2], gleichbleibend. In der Langen Form kommt oft die »stehende Hand«[2] vor. Eine Besonderheit der Kurzform ist, daß verschiedene Drehungen bei den Richtungsänderungen nicht mehr wie bei Yang Ch'eng-Fu auf dem belasteten Fuß ausgeführt werden. In der Kurzform verlagert man das Gewicht erst ganz zurück und dreht dann mit dem unbelasteten Fuß. Diese Änderung ist Cheng Man-Ch'ings mit den Prinzipien verträgliche Interpretation der Anwendung des Yin- und Yang-Prinzips bei der Gewichtsverlagerung. Seiner Ansicht nach kann durch diese Art der Gewichtsverlagerung der Wechsel von voll (Yang) zu leer (Yin) klarer und bewußter vollzogen werden.

Bei der Gewichtsverlagerung nach vorne lehnen sich viele Meister des Yang-Stils leicht vornüber. Cheng Man-Ch'ing behält dagegen auch hier die aufrechte Haltung bei. (Siehe Klassische Schriften: »Der Körper soll nicht überlehnen«. »Der Körper soll am Kopf (Scheitelpunkt) wie von einem unsichtbaren Band im Lot gehalten werden«.)

Die Kurzform läßt sich schneller erlernen als die Lange Form und beansprucht weniger Zeit in der Ausführung. Dies hat sicher zu ihrer Popularität beigetragen.

[1] Professor Cheng Man-Ch'ing wurde auch »The master of the five excellences« (Malerei, Dichtkunst, Kalligraphie, Medizin und T'ai Chi Ch'uan) genannt.

[2] Kobayashi, T'ai Chi Ch'uan, Handbuch zum Selbststudium, Seite 43, 44

Wenn wir richtig informiert sind, lehrte Cheng Man-Ch'ing in den USA ausschließlich die Kurzform. In Taiwan hatte er auch die Lange Form, mit den für seine Kurzform kennzeichnenden stilistischen Änderungen, unterrichtet.

DIE KURZFORM DES YANG-STILS

Teil 1

1. Anfang
2. Wecke das Ch'i
3. Fasse den Vogel beim Schwanz – Abwehren nach links
4. Fasse den Vogel beim Schwanz – Abwehren nach rechts
5. Fasse den Vogel beim Schwanz – Zurückrollen
6. Fasse den Vogel beim Schwanz – Drücken
7. Fasse den Vogel beim Schwanz – Stoßen
8. Peitsche
9. Hände heben
10. Schulterstoß
11. Storch breitet die Flügel aus
12. Linkes Knie streifen
13. Spiele die Laute
    Linkes Knie streifen (12.)
14. Fauststoß
    Stoßen (7.)
15. Hände kreuzen

Teil 2

16. Tiger umarmen und zum Berg zurückkehren
    Fasse den Vogel beim Schwanz – Zurückrollen (5.)
    Fasse den Vogel beim Schwanz – Drücken (6.)
    Fasse den Vogel beim Schwanz – Stoßen (7.)
    Peitsche
17. Faust unterm Ellenbogen

18. Schritt zurück und den Affen abwehren – rechts

19. Schritt zurück und den Affen abwehren – links
Schritt zurück und den Affen abwehren – rechts (18.)

20. Diagonales Fliegen

21. Wolkenhände – links

22. Wolkenhände – rechts
Wolkenhände – links (21.)
Wolkenhände – rechts (22.)
Wolkenhände – links (21.)
Peitsche (8.)

23. Gehockte Peitsche

24. Goldener Hahn steht auf einem Bein – rechts

25. Goldener Hahn steht auf einem Bein – links

26. Rechten Fuß heben

27. Linken Fuß heben

28. Drehung und Stoß mit der linken Ferse
Linkes Knie streifen (12.)

29. Rechtes Knie streifen

30. Schritt vor und tiefer Fauststoß
Fasse den Vogel beim Schwanz – Abwehren nach rechts (4.)
Fasse den Vogel beim Schwanz – Zurückrollen (5.)
Fasse den Vogel beim Schwanz – Drücken (6.)
Fasse den Vogel beim Schwanz – Stoßen (7.)
Peitsche (8.)

Teil 3

31. Schöne Dame am Webstuhl – links

32. Schöne Dame am Webstuhl – rechts
Schöne Dame am Webstuhl – links (31.)
Schöne Dame am Webstuhl – rechts (32.)
Fasse den Vogel beim Schwanz – Abwehren nach links (3.)
Fasse den Vogel beim Schwanz – Abwehren nach rechts (4.)
Fasse den Vogel beim Schwanz – Zurückrollen (5.)
Fasse den Vogel beim Schwanz – Drücken (6.)
Fasse den Vogel beim Schwanz – Stoßen (7.)

Peitsche (8.)
Gehockte Peitsche (23.)

33. Stoß zu den sieben Sternen

34. Schritt zurück und den Tiger reiten

35. Drehung und mit dem Bein über den Lotus streifen

36. Bogen spannen und den Tiger schießen
Fauststoß (14.)
Stoßen (7.)
Hände kreuzen (15.)

37. Abschluß

DIE LANGE FORM DES YANG-STILS

Die Lange Form, in der unten angegebenen Abfolge der Stellungen, geht auf Yang Ch'eng-Fu (1883–1936), den Enkel des Begründers des Yang-Stils zurück.

Seine Lange Form wird die traditionelle Form des Yang-Stils genannt. Wenn wir beim Zählen der Stellungen wie bei der Kurzform vorgehen, hat Yang Ch'eng-Fus Lange Form 53 Stellungen, mit Wiederholungen 140 Stellungen.[1]

Für die Ausführung einer Form benötigt man etwa 12–15 Minuten.

Die Lange Form wird in drei Abschnitten unterteilt:

1. Teil – 16 Stellungen (mit Wiederholungen 21)

2. Teil – 21 Stellungen (mit Wiederholungen 47)

3. Teil – 16 Stellungen (mit Wiederholungen 72)

DIE LANGE FORM DES YANG-STILS

Teil 1

1.–13. wie bei der Kurzform
Linkes Knie streifen (12.)

[1] Für das Zählen der Stellungen gibt es keine Regeln. Die fünf Stellungen des Abschnittes »Fasse den Vogel beim Schwanz« werden z. B. als fünf oder als eine gezählt; aneinandergereihte gleiche, nach links und rechts ausgerichtete Stellungen, werden manchmal als eine, manchmal als zwei Stellungen gezählt. So finden sich für die gleiche Form unterschiedliche Angaben über die Anzahl ihrer Stellungen.

Yang Cheng-Fu »Spiele die Laute«

14. Rechtes Knie streifen
    Linkes Knie streifen (12.)
    Spiele die Laute (13.)
    Linkes Knie streifen (12.)

15. Fauststoß
    Stoßen (7.)

16. Händekreuzen

Teil 2

17. Tiger umarmen und zum Berg zurückkehren
    Fasse den Vogel beim Schwanz – Zurückrollen (5.)
    Fasse den Vogel beim Schwanz – Drücken (6.)
    Fasse den Vogel beim Schwanz – Stoßen (7.)
    Peitsche (diagonal) (8.)

18. Faust unterm Ellenbogen

19. Schritt zurück und den Affen abwehren – rechts

20. Schritt zurück und den Affen abwehren – links
    Schritt zurück und den Affen abwehren – rechts (20.)

21. Diagonales Fliegen
    Hände heben (9.)
    Schulterstoß (10.)
    Storch breitet die Flügel aus (11.)
    Linkes Knie streifen (12.)

22. Nadel vom Meeresboden holen

23. Arme wie einen Fächer öffnen

24. Drehung und mit der Faust schlagen
    Fauststoß (15.)
    Fasse den Vogel beim Schwanz – Abwehren nach rechts (4.)
    Fasse den Vogel beim Schwanz – Zurückrollen (5.)
    Fasse den Vogel beim Schwanz – Drücken (6.)
    Fasse den Vogel beim Schwanz – Stoßen (7.)
    Peitsche (8.)

25. Wolkenhände – rechts

26. Wolkenhände – links
    Wolkenhände – rechts (25.)
    Wolkenhände – links (26.)
    Peitsche (8.)

27. Pferd am Hals tätscheln

28. Rechten Fuß heben

29. Linken Fuß heben

30. Drehung und Stoß mit der linken Ferse
    Linkes Knie streifen (12.)
    Rechtes Knie streifen (14.)

31. Schritt vor und Fauststoß nach unten
Drehung und mit der Faust schlagen (24.)
Fauststoß (15.)

32. Stoß mit der rechten Ferse

33. Tiger links treffen

34. Tiger rechts treffen
Stoß mit der rechten Ferse (32.)

35. Ohren mit den Fäusten treffen

36. Stoß mit der linken Ferse

37. Drehung und Stoß mit der rechten Ferse
Fauststoß (15.)
Stoßen (7.)
Hände kreuzen (16.)

Teil 3

Tiger umarmen und zum Berg zurückkehren (17.)
Fasse den Vogel beim Schwanz – Zurückrollen (5.)
Fasse den Vogel beim Schwanz – Drücken (6.)
Fasse den Vogel beim Schwanz – Stoßen (7.)
Peitsche (Diagonal) (8.)

38. Mähne des wilden Pferdes teilen – rechts

39. Mähne des wilden Pferdes teilen – links
Mähne des wilden Pferdes teilen – rechts (38.)
Fasse den Vogel beim Schwanz – Abwehren nach links (3.)
Fasse den Vogel beim Schwanz – Abwehren nach rechts (4.)
Fasse den Vogel beim Schwanz – Zurückrollen (5.)
Fasse den Vogel beim Schwanz – Drücken (6.)
Fasse den Vogel beim Schwanz – Stoßen (7.)
Peitsche (8.)

40. Schöne Dame am Webstuhl – links

41. Schöne Dame am Webstuhl – rechts
Schöne Dame am Webstuhl – links (40.)
Schöne Dame am Webstuhl – rechts (41.)
Fasse den Vogel beim Schwanz – Abwehren nach links (3.)
Fasse den Vogel beim Schwanz – Abwehren nach rechts (4.)
Fasse den Vogel beim Schwanz – Zurückrollen (5.)
Fasse den Vogel beim Schwanz – Drücken (6.)
Fasse den Vogel beim Schwanz – Stoßen (7.)

Peitsche (8.)
Wolkenhände – rechts (25.)
Wolkenhände – links (26.)
Wolkenhände – rechts (25.)
Wolkenhände – links (26.)
Peitsche (8.)

42. Gehockte Peitsche

43. Goldener Hahn steht auf einem Bein – rechts

44. Goldener Hahn steht auf einem Bein – links
Schritt zurück und den Affen abwehren – rechts (19.)
Schritt zurück und den Affen abwehren – links (20.)
Schritt zurück und den Affen abwehren – rechts (19.)
Diagonales Fliegen (21.)
Hände heben (9.)
Schulterstoß (10.)
Storch breitet die Flügel aus (11.)
Linkes Knie streifen (12.)
Nadel vom Meeresboden holen (22.)
Arme wie einen Fächer öffnen (23.)

45. Drehung, weiße Schlange zeigt ihre Zunge
Fauststoß (15.)
Fasse den Vogel beim Schwanz – Abwehren nach rechts (4.)
Fasse den Vogel beim Schwanz – Zurückrollen (5.)
Fasse den Vogel beim Schwanz – Drücken (6.)
Fasse den Vogel beim Schwanz – Stoßen (7.)
Peitsche (8.)
Wolkenhände – rechts (25.)
Wolkenhände – links (26.)
Wolkenhände – rechts (25.)
Wolkenhände – links (26.)
Peitsche (8.)
Pferd am Hals tätscheln (27.)

46. Über die Handfläche kreuzen

47. Drehung und Beine kreuzen

48. Schritt vor und Tiefer Fauststoß
Fasse den Vogel beim Schwanz – Abwehren nach rechts (4.)
Fasse den Vogel beim Schwanz – Zurückrollen (5.)
Fasse den Vogel beim Schwanz – Drücken (6.)
Fasse den Vogel beim Schwanz – Stoßen (7.)
Peitsche (8.)

Gehockte Peitsche (42.)

49. Stoß zu den sieben Sternen

50. Schritt zurück und Tiger reiten

51. Drehung und mit dem Bein über den Lotus streifen

52. Bogenspannen und den Tiger schießen
Fauststoß (15.)
Stoßen (7.)
Hände kreuzen (16.)

53. Abschluß

Bibliographie

Alexander, Gerda, *Eutonie*, Kösel Verlag, München 1976

Avalon, Arthur, *The Serpent Power*, Dover Publications, New York 1974

Bancroft, Anne, *Wege geistiger Erfahrung*, Theseus-Verlag, Zürich 1974

Blofeld, John, *Compassion Yoga, The Mystical Cult of Kuan Yin*, Mandala, Unwin Paperbacks, London 1977

Blofeld, John, *Taoism, The Quest for Immortality*, Mandala, Unwin Paperbacks, London 1979

Blofeld, John, *The Secret and Sublime, Taoist Mysteries and Magic*, George Allen a. Unwin Ltd., London 1973

Chang, Chung-yuan, *Tao, Zen und schöpferische Kraft*, Eugen Diederichs Verlag, Düsseldorf-Köln 1980

Chang, Stephen, *The Book of Internal Exercises*, Strawberry Hill Press, San Francisco 1978

Chen, Wei-Ming, *The Technique of T'ai Chi Ch'uan*, Hoi Fung Publisher, Hong Kong

Chen, Yearning K., *T'ai Chi Ch'uan, Its Effects and Practical Applications*, Unicorn Press, Hongkong 1974

Cheng, Man-Ch'ing, *T'ai Chi Ch'uan, A Simplified Method for Calisthenics for Health and Self-Defense*, Sun's League Publications Co., Hong Kong

Conze, Edward, *The Short Prajnaparamita Texts*, Luzac a. Company Ltd., London 1973

Delza, Sophia, *T'ai Chi Ch'uan, Body and Mind in Harmony*, Cornerstone Library Publications, New York 1974

Dsuang Dsi (Chuang Tzu), *Das wahre Buch vom südlichen Blütenland*, übersetzt von Richard Wilhelm, Eugen Diederichs Verlag, Düsseldorf-Köln 1979

Enomiya-Lasalle, Hugo M., *Zen unter Christen*, Styria Verlag, Köln 1973

Enomiya-Lasalle, Hugo M., *Zen Weg zur Erleuchtung*, Herder Verlag, Wien 1976

Evans-Wentz, W. Y., *The Tibetan Book of the Great Liberation*, Oxford University Press, London 1970

Feldenkrais, Moshe, *Bewußtheit durch Bewegung*, Suhrkamp, Frankfurt 1978 (st 429)

Fisch, Guido Dr. med., *Akupunktur*, Wilhelm Goldmann Verlag, München 1979

Goddard, Dwight, *A Buddhist Bible*, Beacon Press, Boston 1970

Govinda, Anagarika Lama, *Grundlagen tibetischer Mystik*, Fischer Taschenbuch Verlag, Frankfurt 1975

Huang, Wen-Shan, *Fundamentals of T'ai Chi Ch'uan*, South Sky Book Company, Hongkong 1974

I Ging, Text und Materialien, übersetzt von Richard Wilhelm, Eugen Diederichs Verlag, Düsseldorf-Köln 1973

Isbert, Otto-Albrecht, *Yoga – Arbeit am Selbst*, Goldmann Medizin, Band 9033

Jung, C. G. / Richard, Wilhelm, *Das Geheimnis der Goldenen Blüte*, Walter Verlag, Olten und Freiburg im Breisgau 1971

Jungclausen, Emmanuel, *Der Meister in Dir —Entdeckung der Inneren Welt nach Johannes Tauler*, Herder Verlag, Freiburg 1979

Kobayashi, Toyo und Petra *T'ai Chi Ch'uan — Handbuch zum Selbststudium*, Heinrich-Hugendubel-Verlag, München 1979

Kungfutse, *Gespräche*, übersetzt von Richard Wilhelm, Eugen Diederichs Verlag, Düsseldorf-Köln 1967

Kungfutse, *Schulgespräche*, übersetzt von Richard Wilhelm, Eugen Diederichs Verlag, Düsseldorf-Köln 1961

Laotse, *Tao te King*, übersetzt von Richard Wilhelm, Eugen Diederichs Verlag, Düsseldorf-Köln 1978

Lao-tse, *Tao-Tê-King*, übersetzt von Günther Debon, Reclam Stuttgart 1979

Lao Tzu, *Tao Te Ching*, translated by D. C. Lau, Penguin Books, 1979

Liang, T. T., *T'ai Chi Ch'uan for Health and Self-Defense*, Redwing Book Company, Boston 1974

Lowen, Alexander und Leslie, *Bioenergetik für Jeden*, Kirchheim Verlag, Gauting 1979

Lu K'uan Yü (Charles Luk), *Taoist Yoga, Alchemy and Immortality*, Rider, London 1970

Lu K'uan Yü (Charles Luk), *The Secrets of Chinese Meditation*, Rider, London 1972

Matsuda, *The Secret of Chin-Jia Tai Chi*, Shindjinbutsu Oraisha, Tokio

Matsuda, *Geschichte der Chinesischen Kampfkünste*, Shindjinbutsu Oraisha, Tokio

Meister Eckehart, *Deutsche Predigten und Traktate*, Hanser Verlag

Miura, Hideo, *T'ai Chi Ch'uan für die Gesundheit*, Ripu Books, Tokio

Morgan, Louise, *Hilfe aus Dir Selbst — Die Alexander-Methode*, Bernhard Tauchnitz Verlag, Stuttgart 1967

Nakano, Harumi, *T'ai Chi Ch'uan für Anfänger – für Anmut und Gesundheit*, Tsuchiya Books, Tokio

Pálos, Stephan, *Atem und Meditation*, Scherz Verlag, Bern

Parow, Julius Dr. med., *Funktionelle Atmungstherapie*, Georg Thieme Verlag, Stuttgart 1972

Petzold, H., *Psychotherapie und Körperdynamik*, Jungfermann-Verlag, Paderborn 1977

Schmitt, Johannes Ludwig Dr. med., *Atemheilkunst*, Humata Verlag, Frankfurt 1969

Schmitt, Johannes Ludwig Dr. med., *Das Hohelied vom Atem*, Freundeskreis Dr. J. L. Schmitt e. V. 1966

Smith, Robert W., *Hsing-I, Chinese Mind-Body Boxing*, Kodansha International, New York 1974

Steiner, Rudolf, *Wie erlangt man Erkenntnisse der höheren Welten?*, Rudolf Steiner Verlag, Dornach

Steiner Rudolf, *Theosophie*, Rudolf Steiner Verlag, Dornach

Takafuji, Sou, *Senin ni naru ho* (Der Weg Taoist zu werden), Tairiku shobo, Tokio

The Diamond Sutra and the Sutra of Hui Neng, translated by A. F. Price and Wong Mou-Lam, Shambala, Berkeley 1974

The Zen Teaching of Huang Po on the transmission of mind, translated by John Blofeld, Grove Press, New York 1958

The Zen Teaching of Hui Hai on sudden illumination, translated by John Blofeld, Rider, London 1973

Veith, Ilza, *The Yellow Emperor's Classic of Internal Medicine*, University of California Press, London 1972

Vivekananda, Swami, *Raja-Yoga*, Hermann Bauer Verlag, Freiburg/Br. 1937